Heribert Fischedick · Aufbrechen

Heribert Fischedick

Aufbrechen

Schuld als Chance

Kösel

Dieses Buch widme ich meinen Freunden.
Es sind die Menschen,
die mich fördern und mich auch dann akzeptieren,
wenn ich anders bin, als sie es sich wünschen,
wenn ich irre oder versage.

CIP-Titelaufnahme der Deutschen Bibliothek

Fischedick, Heribert:
Aufbrechen : Schuld als Chance /
Heribert Fischedick. – München :
Kösel, 1988.
ISBN 3-466-36308-X

© 1988 by Kösel-Verlag GmbH & Co., München
Printed in Germany
Gesamtherstellung: Kösel, Kempten
Umschlag: Elisabeth Petersen, Glonn, unter Verwendung
der Plastik »Kopffragment« von Jannis Kounellis (1978).
Mit freundlicher Genehmigung der Besitzer.
ISBN 3-466-36308-X

Inhalt

Vorwort

> »Gott wird durch nichts beleidigt
> als durch das, was wir gegen unser
> eigenes Wohl tun.«
>
> *Thomas von Aquin*

Als ich an den letzten Seiten dieses Buches schrieb, traf mich der Schuldspruch meiner Kirche, und ich mußte am eigenen Leib erfahren, wie Amtsmacht mit der Schuld von Menschen umgeht; wie sie statt einer fairen und sachlichen Auseinandersetzung die persönliche Diskreditierung vorzieht.

Um so mehr möchte ich dieses Buch als Ermutigung anbieten;

als Ermutigung, in der Lebensführung von äußeren Autoritäten unabhängig zu werden und selbst Verantwortung zu übernehmen;

als Ermutigung, die Wegweisung des existentiellen Gewissens zu entdecken;

vor allem aber als Ermutigung, Irrtum, Versagen und Schuld nicht als unverzeihliche Blößen zu werten, sondern als Reifungschancen, die den Wert und die Daseinsberechtigung der eigenen Person nicht in Frage stellen.

I
Zwischen Unschuldswahn und Schuldkomplex

1 Der Schuldkomplex

In meiner seelsorglichen wie in meiner therapeutischen Arbeit spielen immer wieder das Erleben von Schuld und der Umgang mit diesem Erlebnis eine zentrale Rolle. Das Erleben von Schuldgefühlen gehört zu den grundsätzlichen Erfahrungen menschlichen Daseins. Von der leichten Unzufriedenheit mit sich selbst bis hin zu einem das ganze Leben vergiftenden Selbsthaß kann dieses Erleben jede Schattierung annehmen. Dabei zeigen sich immer wieder große Schwierigkeiten, angemessen mit Schuldgefühlen umzugehen.

Eine Frau, Mitte vierzig, kam zu mir in die Beratung, weil ihr alles über den Kopf wuchs. Sie wirkte sehr verhalten und sprach mit leiser Stimme, sich bereits dafür entschuldigend, daß sie überhaupt meine Zeit in Anspruch nahm. Im Gespräch erzählte sie dann, daß sie verheiratet ist und zwei heranwachsende Kinder im Alter von 15 und 17 Jahren hat. Sie versorgt den Haushalt und erledigt »nebenbei« die Buchführung für den Installationsbetrieb ihres Mannes. Außerdem hatte sie die Pflege der bettlägerigen Schwiegermutter im Nachbarhaus übernommen. Vor einiger Zeit war auch noch das älteste Kind schwer erkrankt und bedurfte seitdem intensiver Pflege und Betreuung. Diese Frau litt nun unter schrecklichen Schuldgefühlen, weil sie dieser Überfülle an Aufgaben nicht gerecht werden konnte, sondern immer wieder spürte, daß sie trotz aller Anstrengung nicht jedem das geben konnte, was er ihrer Meinung nach brauchte. Widmete sie sich dem Ehepartner, hatte sie das Gefühl, die Kinder kommen zu kurz. Widmete sie sich dem kranken Kind, hatte sie Sorge, dem anderen Kind fehle etwas. Kümmerte sie sich um Haushalt und Betrieb, quälte sie der Gedanke an die kranke Schwiegermutter. Auf meine Frage, wo denn noch Raum und Zeit für sie selber bliebe, brach sie in Tränen aus und meinte, ihr ginge es dann gut, wenn es den anderen gut gehe.

Ein typisches Überforderungssyndrom, wie es viele Frauen zeigen, die natürlicherweise nur über begrenzte Kräfte verfügen, aber jeweils mehr als hundert Prozent gute Ehefrauen, gute Mütter, gute Hausfrauen, gute Schwiegertöchter und gut im Beruf sein wollen. An sich selbst zu denken, ist in diesem Lebensentwurf nicht vorgesehen, ist unverzeihlicher Egoismus, ist Schuld. Daran, daß – wie in diesem Beispiel – selbst die eigene Begrenztheit als Schuld erlebt wird, ist ersichtlich, wie unsinnig und unzutreffend Schuldgefühle oft sind, wie sehr sie aber dennoch belasten und quälen können.

In den Schuldgefühlen erlebt der Mensch ein Mißverhältnis zwischen seinen Wertvorstellungen und seinem tatsächlichen oder auch nur phantasierten Verhalten. Dabei spielt es überhaupt keine Rolle, ob dieses Mißverhältnis auch in einem objektiven oder gar juristischen Sinn als Schuld zu bewerten ist.

So käme sicherlich kein gesunder Mensch auf die Idee, dieser überforderten Frau als objektive Schuld anzurechnen, daß sie nicht mehreren Menschen gleichzeitig voll zur Verfügung stehen kann. Sie selber aber empfindet es als Schuld. Denn entscheidend für dieses Empfinden sind die verinnerlichten Maßstäbe, an denen das erfolgte bzw. beabsichtigte Verhalten gemessen wird. So können sich die Auslöser für Schuldgefühle von Individuum zu Individuum, von Gruppe zu Gruppe und von Kultur zu Kultur erheblich unterscheiden. Der eine leidet bereits Gewissensqualen, wenn er versehentlich eine Fliege zerdrückt hat, während ein anderer überhaupt keine Schuld empfindet, obwohl er gerade einen anderen Menschen kaltblütig niedergeschlagen hat. Der eine erlebt bereits heftige Schuldgefühle, wenn er sexuelle Wunschvorstellungen hat, der andere beutet Frauen rigoros sexuell aus, ohne daß er sein Verhalten als falsch, schuldhaft oder korrekturbedürftig empfinden würde.

Schuldgefühle taugen also überhaupt nicht als Anzeiger für wirkliche Schuld. Weder ihr Vorhandensein noch ihre Abwesenheit und auch nicht der Grad ihrer Stärke lassen sich so ohne weiteres mit Schuld oder Unschuld gleichsetzen. Denn die Schuldgefühle werden automatisch ausgelöst, sobald die verinnerlichten Werte verletzt werden, unabhängig davon, ob diese Maßstäbe einer »vernünftigen« Prüfung standhalten oder nicht. Es macht ja gerade das Problem vieler Menschen aus, daß sie von Schuldgefühlen geplagt werden, obwohl ihre Vernunft ganz andere Maßstäbe setzt. Für die Auslösung von Schuldgefühlen ist also offenbar nicht der Inhalt der Maßstäbe entscheidend, sondern ob und in welchem Grad diese Maßstäbe verinnerlicht wurden.

Problem Nr. 1: *Viele Menschen leiden, z. T. quälend, unter Schuldgefühlen, die offenkundig nicht angebracht sind.*

Es ist für mich immer wieder erstaunlich, welchen Maßstäben Menschen sich beugen. Dazu gehört z. B. der Anspruch, Gefühle zu erzwingen oder zu bezwingen – eine nie versiegende Quelle für Schuldgefühle. Wieviele Menschen fühlen sich schuldig, weil es ihnen einfach nicht gelingt, diesen oder jenen Menschen zu lieben. Wieviele Menschen fühlen sich schuldig, weil es ihnen einfach nicht gelingt, Gefühle wie Neid und Wut aus ihren Empfindungen zu verbannen. Wieviele Menschen fühlen sich schuldig aufgrund von Gedanken und Vorstellungen, bloß weil sie sexuelle oder aggressive Impulse zum Inhalt haben. Auffallend ist, daß kaum einer der so unter Schuldgefühlen Leidenden auf den Gedanken kommt, daß seine Bewertungsmaßstäbe vielleicht fragwürdig und falsch sind. Eher suchen sie nach immer neuen Möglichkeiten, sich noch mehr zu bekämpfen, um endlich den Maßstäben zu entsprechen.

Ich habe einmal in einem Selbsterfahrungskurs die Teilnehmer eine Liste von »Giftsprüchen« aufstellen lassen. Es waren Sprüche, die sie während ihrer Kindheit und Jugend zu hören bekommen haben; die systematisch jedes Selbstwertgefühl untergruben und jeden Gedanken an das eigene Wohl sowie jede spontane Äußerung von Lebensfreude und Lebensbejahung mit schweren Schuldgefühlen beluden. Es fiel den Teilnehmern nicht schwer, mehrere Plakate mit Sprüchen zu füllen wie: »Kinder mit einem Willen bekommen was auf die Brillen« oder »Mädchen, die pfeifen, und Hühner, die krähen, denen soll man beizeiten die Hälse umdrehen«. Eine lange Liste von Sprüchen, die das eigene Leben mit bitterem Gift erfüllten. Auch wenn den Teilnehmern die Fragwürdigkeit und selbstzerstörerische Wirkung dieser erlernten »Tugenden« und Maßstäbe heute bewußt war, so waren diese Sprüche nach wie vor wirksam und eine Quelle von Schuldgefühlen.

Wenn die erlernten Maßstäbe so extrem sind wie diese Giftsprüche, dann mag es später leicht sein, sich wenigstens vernunftmäßig von diesen Maßstäben zu distanzieren, auch wenn sie gefühlsmäßig damit noch nicht erledigt sind. Aber in anderen Fällen fällt es schon schwerer, sich rational die Unangemessenheit der Schuldgefühle bewußtzumachen.

Eine junge Witwe mußte wieder berufstätig werden, um für sich und ihr zweijähriges Kind den Lebensunterhalt zu garantieren. Um arbeiten zu können, mußte sie ihr Kind tagsüber in Pflege geben. Hinzu kam, daß die Pflegepersonen öfter wechselten. Zu Recht erlebte die junge Mutter, daß damit ihrem Kind allerhand zugemutet wurde, daß sie ihm nicht die Bedingungen bieten konnte, die seinem Wohl am besten dienlich wären. – Aber wer wollte da von Schuld sprechen? – Dennoch litt diese Frau an dem quälenden Gefühl, an ihrem Kind schuldig zu werden. Was sie an Auswirkung der gegenwärtigen Situation erkannte, war durchaus richtig. Aber es waren darin Faktoren wirksam, die außerhalb ihrer Einflußmöglichkeit und damit auch außerhalb ihrer Verantwortung lagen.

Gerade die objektiv richtige Einschätzung der Wirklichkeit, verbunden mit der falschen Bewertung des eigenen Verhaltens, machte die Schwierigkeit aus, die Unangemessenheit der Schuldgefühle zu erkennen.

2 Die Unsicherheit

In Beratungsgesprächen wird häufig die Frage nach der Erlaubtheit und Richtigkeit eines Verhaltens gestellt. Im Beichtgespräch heißt es dann: »Ist es eigentlich erlaubt, als wiederverheirateter Geschiedener zur Kommunion zu gehen?« Oder im therapeutischen Gespräch: »Ist es eigentlich richtig, wenn ich mein Kind auf den Arm nehme, wenn es weint?« Wenn ich dann zurückfrage, »wie denken Sie denn selbst darüber«, offenbaren die Fragenden eine große Unsicherheit. Die Autorität soll sagen, wo es lang geht, und entscheiden, was richtig ist, auch wenn man sich oft genug an den Entscheidungen von Autoritäten reibt. Die Entscheidung anderer zu übertragen, erspart einem nicht nur die Mühe des Nachdenkens, es enthebt einen auch der Verantwortung für das eigene Tun und Lassen. Dahinter steckt eine tiefe Verunsicherung hinsichtlich dessen, was angemessen und richtig ist. Diese Verunsicherung gilt in besonderer Weise im Bereich der Moral- und Wertvorstellungen.

In der Tat haben wir es heute mit einem tiefgreifenden Wandel in den moralischen Vorstellungen und Leitwerten zu tun. Was gestern noch als schwere moralische Verfehlung galt, ist heute mitunter schon allgemeine Lebenspraxis geworden. Was gestern noch als absolut verbindliche Verhaltensanweisung galt, ist heute durchaus in die Beliebigkeit des einzelnen gestellt. Eine gerade unter dem Titel »Die verletzte Nation« vorgestellte Repräsentativ-Umfrage zeigt, daß in den letzten 20 Jahren in den Einstellungen zu traditionellen Werten ganz erhebliche Verschiebungen stattgefunden haben[1]. Fanden 1967 noch 54% der 18–29jährigen, unverheiratet zusammenzuleben, ginge zu weit, so sind es 1986 in der gleichen Altersstufe nur noch 2%, die so denken[2]. Der Wandel in den Wertvorstellungen kann nicht pauschal als negativ oder besorgniserregend beurteilt werden. Die Veränderungen offenbaren zwar eine Auflösung der tradierten und allgemein verbindlichen Wertmaßstäbe, diese Entwicklung kann aber auch als wohltuende Befreiung aus einem starren, engen und entmündigenden Moralsystem verstanden werden. Die plurale Struktur der Gesellschaft hat viele Weltanschauungen und Sichtweisen hervorgebracht und zugelassen, die alle auch ihre je eigenen Wertskalen haben. So läßt sich ein und derselbe Sachverhalt völlig unterschiedlich betrachten und bewerten, je nachdem von welcher Weltanschauung ich ausgehe und welche Werte dementsprechend für mich ausschlaggebend sind. Wer z. B. die nationale Freiheit als ein hohes Gut einschätzt, wird den Einsatz atomarer Massenvernichtungsmittel im Verteidigungsfall um dieses Wertes willen als moralisch zulässig betrachten. Wer aber die Unantastbarkeit des menschlichen Lebens als hohes Gut einschätzt, wird um dieses Wertes willen schon die Ausbildung zum Töten als moralisch unzulässig ablehnen. Auch wenn es schwerfällt, einander so widerstreitende Beurteilungen zuzulassen, so ist deren Möglichkeit doch Ausdruck einer Freiheit des Denkens und Entscheidens, die es nicht immer gegeben hat und die oft genug auch heute noch verweigert wird.

Zugleich ist diese Möglichkeit auch Ausdruck der veränderten und ganz anders zugänglichen Informationen. Wer psychologische Erfahrungen und Erkenntnisse berücksichtigt, wird anders über Ehescheidungen urteilen als der, dem nur z. B. die Vorschriften des katholischen Kirchenrechtes zugänglich sind. Wer Hintergründe und Motive eines bestimmten Verhaltens zu differenzieren weiß, wird anders über dessen Wert und Moralität urteilen können als der, der alles über einen Kamm schert. »Neuere sozialpsychologische Untersuchungen deuten allerdings darauf hin, daß nur relativ wenige Glieder der Gesellschaft in der Lage sind, die veränderten Informationen und Kommunikationsmöglichkeiten zur Entwicklung eines kritischen und bewußt eigenständigen Verhaltens in der Gesellschaft zu nützen.«[3] Die Befreiung aus dem geschlossenen System früherer Zeiten, in dem alle mehr oder weniger das gleiche dachten oder denken mußten, wird nicht von allen als Chance empfunden. Viele fühlen sich verunsichert und überfordert.

Angesichts der einander widerstreitenden Vorstellungen und Einstellungen fällt es ihnen schwer, für sich selbst zu bestimmen, was denn nun gut und richtig und was schlecht und falsch ist.

Problem Nr. 2: *Vielen Menschen fehlt es an Kriterien und an Persönlichkeit, um bewußt eigenständige Wertentscheidungen zu treffen.*

So stehen wir vor der Verlegenheit, daß die gesellschaftliche Entwicklung die Voraussetzung für eine bewußte und persönliche Wert- und Gewissensentscheidung geschaffen hat, dem einzelnen aber offenbar Kriterien und Persönlichkeitsanteile fehlen, um diese Freiheit entsprechend zu leben. Die Folgen sind allenthalben zu beobachten. *Anpassung* an das, was andere tun, ist eine Form, dieses Dilemma zu lösen. Nach dem Motto »was viele tun, kann doch nicht falsch sein« gewinnt das Faktische normative Bedeutung, es wird zur Verhaltensanweisung, der man sich fügt. Da ist es nicht verwunderlich, daß Überzeugungen wöchentlich gewechselt werden können. Eine andere Form, der Verunsicherung zu entgehen, ist die *Gleichgültigkeit*. Nach dem Motto »davon verstehe ich sowieso nichts, und außerdem sagt eh jeder was anderes« erspart man sich die Mühe der Informationsbeschaffung und -auswertung, die Mühe des Nachdenkens und Entscheidens. Eine weitere Form, das Problem zu lösen, ist die *Autoritätshörigkeit*. Die Zeiten, wo man widerspruchslos tat, was eine Amtsautorität (Pfarrer/Vorgesetzter/Beamter) bestimmte, sind vorbei. Aber es gibt eine neue Form der Autoritätshörigkeit: die Expertengläubigkeit. Weil man selbst die Fülle der Informationen nicht mehr überblicken kann, ist man auf Experten angewiesen. Was der Experte sagt, muß doch stimmen.

Was letztendlich in all diesen Lösungsformen gesucht wird, ist eine Sicherheit, die man in sich selbst nicht empfindet. Die große Verunsicherung ist nicht nur Folge gesell-schaftlicher Entwicklungen, sondern auch Ausdruck einer mangelhaften Persönlichkeitsentwicklung. Wer sich seiner selbst nicht sicher ist, wird auch keine Sicherheit in seiner Lebensführung empfinden können. Wer diese Sicherheit durch den Schutz der Masse oder die Entscheidung von Autoritäten gewinnen will, wird sie nie wahrhaft in sich empfinden.

3 Der Unschuldswahn

Im Umgang mit Schuld ist unsere Gegenwart von einem eigenartigen Paradox gekennzeichnet: Auf der einen Seite erleben wir eine intensive Suche nach dem Schuldigen, auf der anderen Seite ein heftiges Leugnen von Verantwortung. Selten zuvor wurde der Menschheit in der Kunst, der Literatur, dem Film und dem Theater so moralistisch der Spiegel vorgehalten, wie es heute geschieht. Aber es scheint so, als könne sich der einzelne Mensch nur in dem Bewußtsein darauf einlassen, »die anderen« seien eigentlich gemeint. Denn wenn es um konkrete Schuldzuweisung geht, versucht jeder auszuweichen. Niemand fühlt sich verantwortlich, obwohl nichts so sehr gesucht wird wie die Möglichkeit, irgendeinem die ganze Schuld anlasten zu können.

Sobald Mißstände bekannt werden, erwartet die Öffentlichkeit eine rückhaltlose Aufklärung und die eindeutige Benennung und Bestrafung eines Schuldigen. Diese öffentliche Suche nach dem Schuldigen trägt vielfach die Züge archaischen Sündenbockdenkens. Denn es geht kaum darum, Zusammenhänge zu erkennen und Ursachen zu verstehen. Statt dessen will man »Köpfe rollen« sehen, Schuldige ausmachen, denen die ganze Verantwortung angelastet werden kann. Dieses Phänomen war deutlich nach der atomaren Katastrophe von Tschernobyl zu beobachten. Eine kritische Auseinandersetzung mit dem Für und Wider der Kernenergie, mit der Fortschrittsgläubigkeit, der Wohlstandshörigkeit und deren zerstörerischen Folgen für unsere Natur war nicht gefragt. Schuldige sollten benannt und bestraft werden. So wollte man einerseits die Illusion aufrechterhalten, dem Problem sei einfach beizukommen, andererseits konnte man sich so das Nachdenken über die eigene Rolle und Mitbeteiligung ersparen.

Der öffentlich betriebenen Schuldzuweisung entspricht eine immer geringer werdende Bereitschaft, persönlich Verantwortung zu übernehmen. Wir kennen dieses Leugnen von Verantwortung von unseren Politikern. Egal in welchen Skandal sie verwickelt sind, egal was man ihnen an Äußerungen und Sachverhalten nachweisen kann, nie hat einer einen Fehler begangen, nie hat einer etwas gewußt oder etwas entschieden.

Diese Abwehr persönlicher Verantwortung begegnet auch in der Auseinandersetzung mit geschichtlichen Erfahrungen von Schuld – bei der Beschäftigung mit der Nazi-Zeit. Als Angehöriger der Nachkriegsgeneration nehme ich mir das Recht zu fragen, wie es damals war. Nicht, weil ich anklagen und verurteilen will, sondern weil ich begreifen und verstehen möchte, wie so etwas geschehen konnte. Aber im persönlichen Gespräch oder in »Stammtisch«-Diskussionsrunden erfahre ich heftige Zurückweisung der Nachfrage, ebenso auch eilfertige Versuche, sich zu ent-schuldigen, und die Forderung, dieses Thema endlich ruhen zu lassen. »In der Wurstelei unseres Jahrhunderts, in diesem Kehraus der weißen Rasse, gibt es keine Schuldigen und auch keine Verantwortlichen mehr. Alle können nichts dafür und haben es wirklich nicht gewollt. Es geht wirklich ohne jeden...«[4]

Auch in der Auseinandersetzung mit gegenwärtigen gesellschaftlichen, wirtschaftlichen und politischen Problemen wird die individuelle Verursachung und Mitbeteiligung an der Wirklichkeit geleugnet und entschieden zurückgewiesen. Ob es um den Rüstungswahnsinn geht oder um die Zerstörung der Natur, ob es um das Elend der Dritten Welt geht oder um die Ausländerfeindlichkeit bei uns, immer wieder begegnet man einer Einstellung, die persönliche Beteiligung an diesen Problemen nicht wahrhaben will und keinerlei Bereitschaft zeigt, Verantwortung zu übernehmen. Sicherlich spiegelt sich in dieser Haltung die Erfahrung, nur Rädchen in einer übermächtigen bürokratischen Maschine zu sein, in der die Dinge ohnehin ihren Lauf nehmen, ohne daß ein persönlicher Einfluß unmittelbar zu erkennen wäre. Aber unsere Sprache ist verräterisch; sie sagt, daß ein

Mensch zur Verantwortung »gezogen« werden muß. Es gibt also eine Kraft, die den Menschen vor der Verantwortung fliehen läßt.

Problem Nr. 3: *Viele Menschen haben kein Empfinden mehr für eigene Verantwortung und Schuld.*

So kennen wir die Abwehr persönlicher Schuld auch aus den vielen alltäglichen Auseinandersetzungen zwischenmenschlicher Art.

Vor kurzem suchte mich ein Mann auf, dem die Ehefrau weggelaufen war. Er bat mich eindringlich, mit seiner Frau zu sprechen und ihr ordentlich ins Gewissen zu reden. Mein Versuch, gemeinsam mit ihm über die Hintergründe des Auszugs nachzudenken, endete kläglich. Denn der verlassene Ehemann wußte zwar mächtig über Emanzipationsgefasel und falsche Freundinnen sowie deren schlechten Einfluß zu schimpfen, aber er war nicht bereit, die eigene Rolle in diesem Drama kritisch zu befragen. Die Schuldige stand für ihn eindeutig fest. Es war nicht nur die massive Kränkung durch das Verlassenwerden, die ihn so reagieren ließ, es war seine ehrliche Überzeugung, unschuldig zu sein. Er hatte kein Gespür mehr für eigene Unzulänglichkeiten und Fehler.

In der Ehe- und Familienberatung ist es oft der heikelste Part, den Blick auf die jeweils eigenen Schattenseiten aller am Konflikt Beteiligten zu öffnen. Es ist offenbar nicht nur sehr schwer, zu einer erkannten und auch empfundenen Schuld zu stehen, es ist offenbar ebenso schwer, die eigene Schuld überhaupt zu erkennen.

4 Die quälende Schuld

In der Zeitung war es nur eine kurze Notiz: »15jähriger Junge, der an einem Ferienlager teilnahm, bei Bergtour in Österreich tödlich verunglückt.« Eine jener vielen Notizen, die man kaum noch zur Kenntnis nimmt, vielleicht auch nicht zur Kenntnis nehmen will, weil man nicht daran denken mag, leicht selber von einer solchen Meldung betroffen zu sein. Der Gruppenleiter, ein gerade 20jähriger Student, hatte die Jugendlichen zu dieser Bergtour animiert. Er hatte durchaus einige Erfahrung, aber anscheinend hatte er dennoch das Gelände falsch eingeschätzt und auf eine Seilsicherung verzichtet. Er hatte den Absturz des Jungen nicht verhindern können. Die Eltern des tödlich Verunglückten erstatteten keine Anzeige. Aber auch ohne strafrechtlich nachgewiesene Schuld wußte der Gruppenleiter um seine Verantwortung. Nachdem der erste Schock überwunden war, begann für ihn eine Zeit quälender Selbstvorwürfe, die ihn schließlich so aus der Bahn warfen, daß er sein Studium nicht mehr zu Ende bringen konnte.

Wir können leicht nachempfinden, wie entsetzlich es sein muß, sich für den Tod eines Menschen verantwortlich zu fühlen, eine Schuld, die man nie wiedergutmachen kann! Der Jugendseelsorger versuchte in vielen Gesprächen, den jungen Mann in seiner Krise aufzufangen. Aber alle Gespräche konnten nicht an der Tatsache vorbei, daß hier wirklich Schuld vorlag. Es hätte auch gar nichts geholfen, diese Verantwortung leugnen oder ausreden zu wollen. Alles konnte nur darauf hinauslaufen, dem jungen Mann zu helfen, mit seiner Schuld zu leben. Doch genau dafür fand er keinen Weg. Was an diesem Beispiel außergewöhnlich wirkt, ist dennoch kein Sonderfall.

Problem Nr. 4: *Viele Menschen belastet eine wirkliche Schuld, mit der sie nicht fertig werden können.*

Nicht »fertig« werden können heißt, nie das befreiende Gefühl erleben können, daß etwas erledigt und abgeschlossen ist. Die gedankliche – und damit verbunden auch die gefühlsmäßige – Beschäftigung mit dem Erleben von Schuld ist in der Tat sehr intensiv und zeitlich langwierig. Auch wenn die eigentliche Schuldsituation schon Jahre zurückliegt, können die Gedanken immer wieder zu dieser Erfahrung zurückkehren. Diese bewußte Auseinandersetzung ist sowohl Chance für eine angemessene Reaktion zur Wiedergutmachung wie auch zur Verhaltensänderung. Aber so wie jede Krise hat auch die Erfahrung des Schuldigwerdens zwei Möglichkeiten: Man kann aus dieser Krise gereift hervorgehen, man kann aber auch an ihr zerbrechen. Der junge Gruppenleiter wäre fast an ihr zerbrochen.

Wir müssen nicht unbedingt an solch extreme Schuld denken, auch bei banaleren Formen von Schuld fällt es vielen Menschen schwer, sich selbst zu verzeihen und an die Vergebung der anderen zu glauben. In der Therapie erlebe ich es immer wieder, wie erschreckend Menschen plötzlich ihre eigene Kehrseite bewußt wird, wenn sie erkennen, was sie anderen alles zumuten und antun.

Ich denke da z. B. an einen Vater, den es plötzlich siedendheiß durchfuhr, als ihm aufging, wie sehr er durch seine eigene Schwierigkeit, Gefühle zuzulassen und zu zeigen, seine Kinder belastet und deren Schwierigkeiten mitverursacht hatte. Sicherlich ließ sich vieles mit seiner eigenen belasteten Entwicklung erklären und »entschuldigen«, aber in diesem Rückblick seines Erzieherverhaltens tauchten auch viele Szenen auf, die er sich als echte Schuld anrechnen mußte. Der Gedanke an dieses Versagen und Schuldigwerden ließ ihn nicht mehr los, zumal ein Kind ihm diese Schuld nicht verzieh.

Schuld wird oft wie ein nicht zu verbergender Schandfleck erlebt, der die eigene Daseinsberechtigung in Frage stellt. Gerade deshalb lösen auch angestrengte Bemühungen zur Wiedergutmachung quälende Schuldgefühle nicht auf. Wiedergutmachen heißt in der Regel: ungeschehen machen, ersetzen, ausgleichen. Aber weder der Vater noch der junge Gruppenleiter konnten in diesem Sinn ihre Schuld wiedergutmachen. So gibt es viele Erfahrungen von Schuld, die einem erschreckend, schmerzlich und zentnerschwer drückend bewußt werden, die aber nicht aus der Welt zu schaffen sind. Für ewig scheinen sie einen an die Vergangenheit zu fesseln und jede gute Zukunft zu verbauen. Es fehlen uns Strategien, mit echter Schuld so umzugehen, daß sie weder geleugnet werden muß, noch ein für allemal eine positive Selbstbewertung und eine positive Zukunftsperspektive ausschließt.

Die gleiche Schwierigkeit im Umgang mit echter Schuld erlebe ich auch in der Beichte. Ich dachte anfangs, ich hätte angesichts belastender Schuld eine befreiende Botschaft zu verkünden. Aber ich erlebte, daß ich noch so viel von der alles überbietenden und vergebenden Liebe Gottes sprechen konnte, die Beichtenden glaubten sie mir nicht. D. h. sie spürten keine wirkliche Befreiung und damit »Erledigung« ihrer Schuld. Der Gedanke an ihre Schuld quälte sie weiter, und das Gefühl, nicht mehr akzeptabel zu sein, beherrschte sie auch nach der Beichte weiterhin. Mochte mir der eine oder andere wenigstens vom Verstand her zustimmen, so sagten seine Gefühle dennoch etwas anderes.

Am Ende einer Beichte äußerte eine Frau, sie sei jetzt sehr unzufrieden. Auf meine Frage nach dem Grund antwortete sie: »Ich habe erwartet, daß ich hier mehr zurechtgewiesen werde.« Diese Erwartung weist auf ein anderes Problem im Umgang mit echter Schuld hin. Erfahrung von Schuld löst vielfach den Wunsch nach Strafe aus. So weiß mancher aus seiner Kindheit zu berichten, daß ein kräftiges Donnerwetter und eine Ohrfeige seine drückenden Schuldgefühle eher gelöst hätten als das Schweigen und die achselzuckende Resignation seiner Eltern. Aber auch Erwachsene wie diese Frau verspüren das Bedürfnis nach Strafe; erst sie verschafft ihnen das Gefühl, die Sache sei damit erledigt. Bleibt die Strafe durch die anderen aus, setzen Formen der Selbstbestrafung ein. Manche verbieten sich für eine Zeit bestimmte

Annehmlichkeiten, andere verurteilen sich zu unangenehmen Tätigkeiten. Sie versuchen, sich durch dieses »Abbüßen« Erleichterung zu verschaffen.

5 Die tragische Dimension

Mindestens ebensosehr, wie wir uns als Täter des Bösen empfinden, erleben wir uns auch als Opfer des Bösen. Denn vieles von dem, was wir tun, unterliegt anscheinend nicht unserer Verfügungsgewalt, sondern verfügt über uns. Es wäre zu einfach gedacht, wollte man die Wirklichkeit des Bösen allein auf einzelne Verursacher und deren bösen Willen zurückführen. Eine solche Auffassung übersieht, daß es Böses und Schuld auch als schicksalhafte Verstrickung gibt, in der ein Mensch z. B. durch gesellschaftliche Strukturen in Ungerechtigkeit und Unrecht hineingezogen wird, die er niemals gewollt hat. Oft wird übersehen, daß viele Menschen sich verzweifelt um das Gute bemühen und dennoch nicht vermeiden können, schuldig zu werden.

Problem Nr. 5: Viele Menschen erleben sich als Opfer des Bösen, das sie nicht gewollt haben und dem sie nicht beikommen können.

Die tragische Erfahrung von Schuld beginnt bereits mit der bewußten Wahrnehmung der eigenen Existenz. Ob ich nun Fleisch esse oder mich nur vegetarisch ernähre, ich komme nicht an der Tatsache vorbei, daß ich nur leben kann, indem ich anderes Leben zerstöre. Was sich wie das grausame Gesetz des Dschungels anhört, bestimmt in Wahrheit unser aller Leben. Diese tragische Erfahrung, daß sich meine Lebensmöglichkeiten oft genug nur auf Kosten der Lebensmöglichkeiten anderer ergeben, setzt sich auch sonst im Leben fort. Jedesmal, wenn ich mit anderen um ein wichtiges Gut konkurriere, macht sich diese Tragik bemerkbar. Die Tatsache etwa, daß ich die begehrte Lehrstelle erhalten habe, bedeutet für 100 andere eine herbe Enttäuschung und unter Umständen auch persönliche und finanzielle Not. Meine vitalen Lebensinteressen geraten eben oft in Widerspruch zu den Interessen anderer. Da gibt es dann Konflikte, die nicht harmonisch zur Zufriedenheit aller zu lösen sind, weil der Vorteil des einen dem anderen automatisch zum Nachteil wird.

Eine junge Frau wollte von zu Hause wegziehen, ein Schritt, der ganz im Interesse ihrer beruflichen Zukunft lag, aber auch für die persönliche Entwicklung das einzig Richtige war, da die überbehütende Mutter sie klein und unselbständig gehalten hatte. Die Mutter war kürzlich erst Witwe geworden und klammerte sich nun ganz an ihre Tochter, um dem drohenden Gefühl der Vereinsamung und Sinnlosigkeit zu entgehen. Auf jeden Gedanken an den Wegzug ihrer Tochter reagierte sie mit schweren Migräneanfällen und Herzbeschwerden, die es fast unmöglich machten, sie allein zu lassen. In diesem Konflikt gab es keine für beide Seiten befriedigende Lösung, sondern nur ein Entweder-Oder. Entweder entschied sich die Tochter für ihre eigenen Lebensinteressen und riskierte damit eine schwere Krise und Erkrankung der Mutter, oder sie entschied sich für die Interessen der Mutter und verblieb damit in ihrer Unselbständigkeit und riskierte gleichzeitig ihre berufliche Entwicklung.

Ähnlich ergeht es vielen, wenn die Versorgung alter und pflegebedürftiger Angehöriger ansteht. So wünschenswert eine Betreuung in vertrauter und familiärer Umgebung ist, so wenig lassen dies oft die räumlichen, familiären und beruflichen Verhältnisse zu. Eine Unterbringung im Alten- und Pflegeheim ist dann die einzige Möglichkeit, wenn auch oft mit dem Gefühl, das eigene Leben und Überleben auf Kosten der Lebensqualität eines anderen gerettet zu haben.

Etwas anderes ist die Mittäterschaft aufgrund von Verstrickung in gesellschaftliche und internationale Strukturen.

So suchte mich eine junge Apothekerin auf, weil sie im Geschäft häufiger die »Pille danach« verkaufen mußte, obwohl sie als Christin der Überzeugung war, daß die Einnahme dieser Pille Tötung ungeborenen Lebens bedeute. Würde sie sich weigern, diesen verlangten Artikel zu verkaufen, könnte man ihr dies als geschäftsschädigendes Verhalten anrechnen und ihr deswegen kündigen – ein Risiko, das sie angesichts der finanziellen Lage zu Hause nicht verantworten konnte, denn der Ehemann war arbeitslos. So aber wurde sie zur Gehilfin einer Tat, die sie moralisch zutiefst als unzulässig empfand.

In die gleiche Richtung gehen die Probleme all derer, die sich nicht weiter mitschuldig machen wollen an der Not und der Ungerechtigkeit in der Dritten Welt. Je mehr man sich bewußtmacht, wie sehr jede politische und wirtschaftliche Entscheidung zum Wohl des Verbrauchers und des Gewinns vor Ort zum Nachteil der Erzeuger in den Ursprungsländern gerät; je mehr man sich bewußtmacht, welche z. T. kriminellen ausbeuterischen Praktiken internationale Konzerne anwenden und wie sehr Betriebe und Konzerne weltweit miteinander verflochten sind, desto weniger Möglichkeiten sieht man überhaupt, einer Mittäterschaft zu entkommen; denn mit jedem Kauf unterstütze ich indirekt den Profit und das Gebaren dieser Konzerne. So kann ich allenthalben entdecken, in Ungerechtigkeiten, Kriege und Tötungsversuche verstrickt zu sein, ohne daß ich das nur im geringsten gewollt hätte und ohne daß ich eine unmittelbare Möglichkeit sehen würde, daraus auszusteigen.

Eine andere Seite der tragischen Dimension von Schuld ist das Erleben, daß es in mir Kräfte und Tendenzen gibt, die ich mit meinem Willen nicht unter Kontrolle bringen kann. Schon der Apostel Paulus klagt in seinem Brief an die Römer: »Ich tue nämlich nicht das Gute, das ich will, vielmehr tue ich das, was ich nicht will, das Böse« (Römer 7,19). An dieser inneren Zerrissenheit leiden viele Menschen, die genau wissen, was eigentlich gut und sinnvoll wäre und dies auch von Herzen gern tun möchten, aber immer wieder in Verhaltensweisen verfallen, die dem genau zuwiderlaufen. Oft sind es banale Alltagsprobleme wie z. B. die Geduld mit den Kindern, die man sich immer wieder vornimmt, dann aber doch nicht aufbringt. Oft sind es aber auch schwerwiegende Schattenseiten der eigenen Persönlichkeit, gegen die man angehen will und denen man doch immer wieder unterliegt. Viel an unseren Verhaltensweisen ist eben nicht auf klare und bewußte Willensentscheidungen zurückzuführen, sondern von unbewußten Faktoren und Persönlichkeitsanteilen bestimmt und gesteuert. In diesem Zusammenhang sprach Sigmund Freud von drei großen Kränkungen, die die Menschheit im Lauf ihrer Geschichte erdulden mußte: »Die erste, als sie erfuhr, daß unsere Erde nicht der Mittelpunkt des Weltalls ist, sondern ein winziges Teilchen eines in seiner Größe kaum vorstellbaren Weltsystems ... Die zweite dann, als die biologische Forschung das angebliche Schöpfungsvorrecht des Menschen zunichte machte, ihn auf die Abstammung aus dem Tierreich und die Unvertilgbarkeit seiner animalischen Natur verwies ... Die dritte und empfindlichste Kränkung aber soll die menschliche Größensucht durch die heutige psychologische Forschung erfahren, welche dem Ich nachweisen will, daß es nicht einmal Herr im eigenen Hause ist ... «[5] Erfahren wurde dies seit je – angsterregend, bedrückkend und kränkend zugleich.

6 Strafe muß sein

Ein Thema, an dem sich häufig die Gemüter erhitzen, ist Sinn und Gestaltung des Strafvollzuges. Während die einen darin vor allem ein Unternehmen zur Resozialisierung und Wiedereingliederung in die Gesellschaft sehen möchten, beharren andere auf der Notwendigkeit von Strafe und deren erzieherischer und abschreckender Wirkung. Die Heftigkeit und Emotionalität der Auseinandersetzung lassen ahnen, daß es nicht nur um sachliche Fragen und Argumente geht. Wer für humanere und sinnvollere Formen des Strafvollzuges eintritt, gerät leicht in den Verdacht, dem Chaos Tür und Tor zu öffnen. »Sollen die jetzt auch noch dafür belohnt werden, daß die uns betrogen, bestohlen oder gar jemanden umgebracht haben?«, heißt es dann. Strafe muß sein, das steht für die Mehrheit der Bevölkerung fest.

Doch nicht nur im Strafvollzug gilt diese Überzeugung, auch in der Erziehung bestimmt sie weitgehend den Umgang mit der Schuld der anderen. Auch da ist die Mehrheit der Bevölkerung der Meinung, daß es ohne Strafe nicht geht. Ihre Erfahrung scheint ihnen Recht zu geben. Denn zum einen spüren sie allzuoft die Wirkungslosigkeit des gutmütigen Redens, zum anderen hat eine Strafmaßnahme bei unerwünschtem Verhalten in der Tat oft eine verblüffende, sofortige Wirkung.

H. J. Eysenck konnte nachweisen, daß Strafe nach einem unerwünschten Verhalten nicht nur psychische Erlebnisse wie Trauer oder Wut auslöst, sondern auch physiologische Reaktionen wie vermehrte Adrenalinausschüttung im Blut, Verengung der Blutgefäße, Veränderung der Atem- und Herzschlagfrequenz und Absinken des elektrischen Hautwiderstandes. Schon eine einmalige Koppelung von Situation und Strafe reicht aus, damit der Organismus auch in Zukunft auf gleichartige Situationen mit den gleichen Symptomen reagiert[6]. Ein Kind, das eine Ohrfeige erhält, weil es beim verbotenen Spiel mit dem Kassettenrekorder der Eltern erwischt wurde, reagiert mit diesen körperlichen Symptomen. Beim nächstenmal wird schon der Griff nach dem Gerät die gleichen Reaktionen hervorrufen, auch wenn niemand das Kind bei seinem Tun beobachtet oder es dafür straft. So wirkungsvoll Strafe im Augenblick auch erscheint, so wenig hilft sie doch auf Dauer. Denn ein unerwünschtes Verhalten kann durch Strafe nicht dauerhaft beseitigt werden. Zudem trägt das Strafen in sich eine Tendenz zur Steigerung. Was beim erstenmal noch schreckt und einschüchtert, muß beim nächstenmal schon eine Nummer stärker ausfallen, damit es wirkt. Ein Kind, das häufig geschlagen wird, lernt dadurch nicht, das unerwünschte Verhalten aufzugeben; es lernt wohl, daß der sich durchsetzt, der stärker ist und Gewalt anwendet. So wird es bald selbst Gewalt anwenden, um sich zu behaupten.

So sehr Strafmaßnahmen sich im einzelnen auch »vernünftig« begründen lassen, so wenig können diese Erklärungen darüber hinwegtäuschen, daß Strafmaßnahmen auch Ausdruck einer gewissen Hilflosigkeit und eines nicht zu unterschätzenden Rachebedürfnisses sind. Jedes Unrecht und jeder Schaden, der mir zugefügt wird, bedeutet eine grobe Verletzung meines Reviers und eine massive Kränkung meines Selbstwertgefühls. Verständlich, daß dadurch Aggressionen geweckt werden. Von unserer Entwicklungsgeschichte und unseren biologischen Vorgaben her ist diese Aggression äußerst sinnvoll und notwendig, denn sie ermöglicht die Verteidigung des Reviers und die Sicherung des Besitzes, ohne die ein Überleben nicht möglich wäre. Gleichzeitig dient sie der Wiederherstellung der Selbstachtung. Denn »es besteht ein direkter Zusammenhang zwischen dem Durchsetzungsvermögen, also der aggressiven Stärke der Ichtriebe, und der Achtung, die jemand vor sich selbst und – meistens – auch in den Augen der anderen genießt.«[7] Was aber entwicklungsgeschichtlich und biologisch sehr sinnvoll erscheint, erscheint im Umgang miteinander mindestens ebenso problematisch. Denn Vergeltungsmaßnahmen können zwar für den Augenblick die empfundene Demütigung wieder ausgleichen; aber sie werden weder dem komplizierten Geschehen einer Schuldsituation gerecht, noch können sie die Konflikte angemessen und dauerhaft lösen.

Problem Nr. 6: *Viele Menschen haben Schwierigkeiten im Umgang mit der Schuld anderer.*

Vor allem die Racheimpulse, die der Wiederherstellung der eigenen Selbstachtung dienen, erschweren den Umgang mit der Schuld anderer. Ebenso das berechtigte Bedürfnis, sich vor weiteren Verletzungen zu schützen. Doch auch die Schwierigkeiten im Umgang mit eigener Schuld sind verantwortlich für Schwierigkeiten im Umgang mit der Schuld der anderen. Denn je mehr die eigenen Schattenseiten verdrängt und geleugnet werden, desto größer erscheinen die Schattenseiten der anderen. Was ich bei mir selber nicht zulassen kann, kann ich auch bei einem anderen nicht akzeptieren. So bekämpfen Menschen bei anderen gerade die Verhaltensweisen, die sie auch selbst gerne praktizieren würden, wobei ihnen aber diese Impulse unzulässig erscheinen oder schon gar nicht mehr bewußt sind. Ein Großteil der Bekämpfung sexueller Unmoral rührt aus solchem Verdrängen eigener sexueller Impulse und Wünsche. Mit seiner Anfrage »was siehst du den Splitter im Auge deines Bruders, doch den Balken in deinem eigenen Auge nimmst du nicht wahr« hat Jesus diese Problematik angesprochen (Matthäus 7,3). »Schattenprojektion« nennt die Psychologie dies und meint damit, daß am anderen gleichsam wie auf einer Leinwand das eigene Böse übergroß sichtbar und dann dort, am falschen Ende, bekämpft wird – nach dem Motto »Ich bin o. k., du bist nicht o. k.«

Doch halten auch Menschen den Splitter im eigenen Auge für einen Balken und den Balken im Auge der anderen für einen Splitter. Der moralische Masochismus, der anderen jeden Fehler großzügig zugesteht, sich selbst nicht den kleinsten Fehler verzeihen kann, ist Bestandteil und Kennzeichen der Depression. Genauso wie sich der Umgang mit der eigenen Schuld auf der ganzen Bandbreite zwischen Unschuldswahn und Schuldkomplex abspielt, so bewegt sich der Umgang mit der Schuld der anderen zwischen rigoroser Vergeltung und depressiver Resignation.

Sowohl im Umgang mit eigener Schuld wie auch mit der anderer zeigen sich erhebliche Schwierigkeiten, die einen angemessenen Umgang mit Schuld verhindern.

7 Zwischen Unschuldswahn und Schuldkomplex

Schuld ist also eine zentrale und an die Substanz rührende Erfahrung menschlichen Daseins, mit der nicht so einfach umzugehen ist. Wir haben weder ein gelöstes Verhältnis zu unserer eigenen Schuld noch zur Schuld der anderen. Eine Reihe problematischer Umgangsweisen haben wir bedacht; es gibt sicherlich noch weitere Probleme, je nachdem, unter welchen Gesichtspunkten Schuld betrachtet wird. Juristisch stellen sich andere Fragen als psychologisch, moraltheologisch wieder andere als etwa existenzphilosophisch.

Wenn *Theologen* sich mit dem modernen Schuldbewußtsein auseinandersetzen, kommen sie meist zu dem Ergebnis, daß die Wirklichkeit der Schuld als solche verdrängt werde. Sie sind eher von der Angst getrieben, dem Menschen von heute sei die Frage nach allgemein gültigen Werten egal, er fühle sich nur noch dem eigenen, egoistisch verstandenen Wohlergehen und dem persönlichen Lustgewinn verpflichtet. »Das Thema Sünde ist so sehr aus dem allgemeinen Bewußtsein verschwunden, daß die Vokabel fast nur noch in ironischem Sinne Verwendung findet. In Wortverbindungen wie ›Sündenbock‹, ›Sündenregister‹ oder ›Verkehrssünder‹ lebt sie noch am ehesten in der Umgangssprache fort... Von seltenen Ausnahmefällen sowie vom engen kirchlichen Kontext abgesehen, lebt heute auch der Christ in einer Umwelt, für deren Aufbau und Lebensrhythmus die Vorstellung der Sünde keine Rolle mehr spielt. Es ist eine Welt, die weder die Sprache besitzt, Sünde auszusprechen, noch Orte der Vollmacht, um von Sünde loszusprechen, und die darüber hinaus beides nicht zu vermissen scheint.«[8] So beklagen die Theologen den heutigen »Unschuldswahn«, »in dem sich der Mensch vor seiner personalen Verantwortung drückt und sich über seine Situation hinwegtäuscht«[9]. Der

33

Papst und die Bischöfe machen sich ernsthafte Sorgen um die »Gefährdung des Bußsakramentes ... durch eine Verdunkelung des sittlich-religiösen Gewissens, durch eine Schwächung des Sündenbewußtseins«[10].

Wenn sich dagegen *Psychotherapeuten* mit dem menschlichen Umgang mit Schuld auseinandersetzen, sind sie eher von der Sorge erfüllt, der Mensch werde zu sehr von Schuldgefühlen belastet, die lediglich den engen elterlichen Familienkodex widerspiegeln, und er drohe an moralinsauren Vorschriften und Erwartungen zu ersticken.

Während Theologen sich eher aufgerufen fühlen, dem Menschen neu ein Gefühl für seine Schuld zu vermitteln, fühlen Psychotherapeuten sich eher aufgerufen, Menschen von Schuldgefühlen zu befreien. So unvereinbar diese Einschätzungen der gegenwärtigen Wirklichkeit klingen, so sehr spiegeln sie doch die offenkundigen Schwierigkeiten und Widersprüchlichkeiten im Umgang mit Schuld wider.

Es kann aber weder darum gehen, durch eine enge und ängstliche Moral das Leben zu erschweren, noch darum, die Tatsache persönlicher Schuld zu leugnen. Vielmehr geht es darum, zwischen Unschuldswahn und Schuldkomplex von einer falschen und quälenden Schulderfahrung zu befreien, um in einer freien und reifen Weise für sein Tun und Lassen Verantwortung übernehmen zu können.

Wir müssen uns also fragen, warum der Umgang mit Schuld so schwerfällt. Wir müssen weiter überlegen, wie ein falsches und die eigene Persönlichkeit zerstörendes Erleben von Schuld von einem reifen und angemessenen Schuldbewußtsein unterschieden werden kann. Vor allem aber müssen wir erkennen, wie wir bei unserer ganzen Vorerfahrung ein solch reifes Schuldbewußtsein entwickeln können.

II
Die Angst
vor Verwerfung

8 Schuld und Angst

Das Erleben von Schuldgefühlen ist ein mehrdimensionaler Vorgang, der den Verstand, das Gefühl und den Körper eines Menschen gleichermaßen betrifft.

Auf der *Verstandesebene* lösen Schuldgefühle eine ganze Reihe von Prozessen aus: Dazu gehören Bewertungen (»das hättest du nicht tun dürfen«, »du bist schlecht«, »du bist nicht akzeptabel«), Analysen (»wie konnte es dazu kommen«, »was bedeutet das jetzt für mich/für andere?«) und die Entwicklung von Plänen, wie die Situation wieder in Ordnung zu bringen ist. Die Bewertungen erinnern oft bis in den Wortlaut hinein an Bewertungen, die man durch andere Menschen, vor allem den entscheidenden Bezugspersonen der Kindheit, kennengelernt hat. Wie einmal besprochene Tonbänder laufen sie immer wieder in der gleichen Weise ab, oft mit verheerenden Auswirkungen auf das eigene Selbstbild. Wurde in der Kindheit beispielsweise jeder Versuch eigener Willensäußerung mit dem Etikette »du bist aber undankbar« versehen und verleumdet, so wird dieses Urteil sich festgesetzt haben. Es wird sich in allen Situationen, in denen die Anmeldung und Durchsetzung eigener Ansprüche erforderlich wären, wiederholen und auch noch dem erwachsenen Menschen eine positive Selbsteinschätzung erschweren.

Körperlich werden Schuldgefühle vor allem von Empfindungen im Magen-Darm-Bereich begleitet. Aber auch die typischen Streß-Reaktionen des autonomen Nervensystems wie erhöhter Puls und Schweißausbrüche gehören zur körperlichen Dimension der Schulderfahrung. Schuldgefühle wirken auch auf das körperliche Ausdrucksverhalten: Wer Schuldgefühle empfindet, vermeidet den Blickkontakt und senkt den Kopf, seine Mimik wirkt bedrückt. Wie jede intensive und immer wiederkehrende Erfahrung kann auch das Sich-schuldig-Fühlen in der Körperhaltung und in der Mimik einen ständigen Ausdruck finden, der dann nicht mehr nur in der Situation selbst eintritt, sondern zum typischen Erscheinungsbild dieses Menschen gehört.

Gefühlsmäßig werden die Schuldgefühle als Spannungszustand erlebt, der auf Beseitigung drängt. Dabei stehen die Schuldgefühle in einer ganz engen Wechselbeziehung zu einer Reihe anderer Gefühle wie Scham, Kummer und Angst[11]. Das Gefühl der *Scham* ist wesentlich als Reaktion auf das Verhalten anderer Menschen zu verstehen, es spiegelt gleichsam die Außenseite des Vorgangs. So kann es mir furchtbar peinlich sein, daß ein anderer mich bei einem Fehlverhalten beobachtet. Ich schäme mich, weil andere mich negativ bewerten. Das Gefühl der Scham taugt allerdings nicht als Anzeiger für tatsächliche Schuld. Denn die Negativbewertung und Herabwürdigung durch andere kann ja durchaus durch richtiges und wertgemäßes Verhalten hervorgerufen worden sein. Der Jugendliche etwa, der wegen seines sozialen Engagements von seinen Mitschülern oder Arbeitskollegen verspottet wird, mag sich deswegen schämen. Aber es wäre völlig unangemessen, diese Scham als Hinweis auf tatsächliche Schuld werten zu wollen. In der Scham erlebt der Mensch lediglich die erfolgte bzw. drohende Negativ-Bewertung durch seine Umgebung.

Der *Kummer* entspricht der Sorge um die Wahrung und Wiederherstellung der eigenen Integrität und der der anderen. So hilft »das Schuldgefühl … das Individuum, dem man Unrecht getan hat, als verletzt, leidend, gekränkt und angemessener Worte und Handlungen bedürfend wahrzunehmen, die die Wunden heilen«[12]. So veranlaßt der Kummer einen, nach Mitteln und Wegen zu suchen, um die Situation wieder in Ordnung zu bringen. Zugleich ist er Anlaß, für sich selbst nach Heilungsmöglichkeiten zu suchen, denn im Kummer erlebe ich auch mich selbst als in meiner Ordnung und Ganzheit verletzt.

Auch depressive Traurigkeit gehört zu den Gefühlen, die mit dem Erleben von Schuldgefühlen verbunden sind. Während die Scham die Außenseite, den Verlust der Anerkennung durch die anderen, widerspiegelt, ist die Depression

Ausdruck der Innenseite, denn sie zeigt den Verlust der Selbstliebe an: ich mag mich so nicht.

Ganz wesentlich aber scheinen Schuldgefühle mit *Angst* verbunden zu sein. Diese Angst kann sowohl als Reaktion auf den Verlust der Selbstliebe wie auch als Reaktion auf den Verlust der Anerkennung durch die anderen verstanden werden. So meinte S. Freud: »... unser Gewissen ist nicht der unbeugsame Richter, für den die Ethiker es ausgeben, es ist in seinem Ursprunge ›soziale Angst‹ und nichts anderes«[13]. Diese Angst ist nicht unbedingt Antwort auf aktuelle Reaktionen der anderen. Sie ist vielmehr eine internalisierte Angst, d. h. sie ist zwar ursprünglich von außen erzeugt worden, tritt aber jetzt als innerer Vorgang automatisch auf. Sobald Maßstäbe, die in meiner Person als verbindlich verankert sind, verletzt werden, tritt automatisch Angst auf, unabhängig davon, ob andere mich strafen und mir ihre Anerkennung entziehen oder nicht. Die Angst vor dem Liebesverlust und den damit verbundenen Folgen ist zu einem ständigen Bestandteil des Erlebens von Schuldgefühlen geworden.

9 Liebe und Angst

Angst, so lehrt uns der Sprachgebrauch, hat zwei Seiten, denn sie tritt als Angst *vor* etwas und als Angst *um* etwas auf. Jede Empfindung von Angst, auch die scheinbar grundlose und gegenstandslose, entspricht dem Gefühl einer lauernden Bedrohung. »Das ist, als ob mir jemand böse sei«, beschrieb mir ein herzneurotischer Patient seine Angstzustände. Es ist die beklemmende Angst vor dem Bösen, vor der Erbostheit, also vor Wut und Haß. Es ist die Angst vor einer einengenden und bedrängenden Macht, die einem die Luft abschnürt und das Herz erdrückt und einen auf diese Weise zerstört. So ist »Angst vor« letztlich Angst vor der endgültigen Zerstörung, Angst vor dem Tod. Die ursprünglichsten Formen von Religion sind Versuche, die Angst vor einer unsichtbaren Bedrohung durch Opfergaben an einen vermuteten Zorn zu besänftigen.

Während die »Angst vor« zurückschrecken läßt, ist die »Angst um« Verlustangst, die anklammern und festhalten läßt. Es ist die Angst vor dem Verlust von etwas Geliebtem, das das eigene Glück und Leben ausmacht. »Die frühesten Schreckreflexe des Säuglings sind nicht Bewegungen des Zurückfahrens, sondern des Umklammerns. Das Klammern ›an einen Strohhalm‹ beim Haltverlieren, beim Versinken, Ertrinken, wird zu einem Sinnbild der Angst um das geliebte Leben, um ein geliebtes Leben.«[14] So steckt im Kern jeder Angst letztlich auch die Angst vor dem Verlust des ersten und lebenswichtigen geliebten Objektes, die Angst vor dem Verlust der Mutter. Die Verfolgungsängste *vor* und die Verlustängste *um* etwas sind beide Ausdruck und Abkömmlinge von Todesangst, die wir in der Entwicklungsgeschichte jedes einzelnen wohl als die erste und grundsätzlichste Form von Angst vermuten dürfen. Das Kleinkind ist außerstande, ohne eine Versorgung und Betreuung von außen zu überleben. Es ist nach der Geburt noch genauso total abhängig wie vor der Geburt. Die Versorgung und Betreuung, die es braucht, umfaßt nicht nur Ernährung und Pflege, sondern auch Zuwendung und Liebe. »Jedes Kind hat das legitime narzistische Bedürfnis, von der Mutter gesehen, verstanden, ernstgenommen und respektiert zu werden. Es ist darauf angewiesen, in den ersten Lebenswochen und -monaten über die Mutter verfügen zu können, sie zu idealisieren, von ihr gespiegelt zu werden.«[15] Nur wenn es in dieser Phase ausreichende Versorgung und sichere Zuwendung erfährt, kann das Kind ein gesundes Selbstgefühl entwickeln, in dem es sich als liebenswert und zum Leben berechtigt versteht. Ganz wichtig ist in diesem Zusammenhang, daß das Kind auf jeder Stufe seiner Entwicklung das zulassen und zeigen darf, was an Gefühlen und Wünschen in ihm lebendig wird. Denn nur so kann es einen selbstverständlichen Zugang zum eigenen Erleben finden und sich rundum, ohne Ausnahmen, zum Leben berechtigt wissen.

Dies ist deshalb so entscheidend, weil die Mutter – und ab einem späteren Zeitpunkt auch der Vater – für das Kind übermächtige Größen sind, die ihm alles zum Leben Notwendige geben, aber auch verweigern können. Jede größere Unsicherheit der Eltern und jeder Impuls von Ärger oder Traurigkeit seitens der Eltern erschüttern die Sicherheit des Kindes, weil sie Angst vor dem Verlust der Liebe wecken und damit Todesangst erzeugen. Die Angst, aus der lebensnotwendigen Beziehung zu den Eltern entlassen zu werden, ist gleichbedeutend mit Todesangst, da das Kind ja ohne diese Beziehung nicht leben und überleben kann. Ich glaube zwar, daß stabile und gereifte Eltern dem Kind eine Menge Angst ersparen können; aber ich glaube nicht, daß diese Erfahrung gänzlich zu vermeiden ist. So lernt bereits der kleine Säugling durch die Reaktionen seiner Eltern, daß es in ihm Gefühle und Wünsche gibt, die er haben und zeigen darf, die also »gut« sind, weil sie ihm das Wohlwollen und die Zuwendung der Eltern garantieren; und daß es in ihm Gefühle und Wünsche gibt, die er nicht haben und zeigen darf, die also »böse« sind, weil sie das Wohlwollen und die Zuwendung der

Eltern aufs Spiel setzen. »Das Böse ist also anfänglich dasjenige, wofür man mit Liebesverlust bedroht wird; aus Angst vor diesem Verlust muß man es vermeiden. Darum macht es auch wenig aus, ob man das Böse bereits getan hat oder es erst tun will; in beiden Fällen tritt die Gefahr erst ein, wenn die Autorität es entdeckt, und diese würde sich in beiden Fällen ähnlich benehmen. Man heißt diesen Zustand ›schlechtes Gewissen‹, aber eigentlich verdient er diesen Namen nicht, denn auf dieser Stufe ist das Schuldbewußtsein offenbar nur Angst vor dem Liebesverlust, ›soziale‹ Angst.«[16] So sind die allerersten Formen von Schuldgefühl gleichbedeutend mit der Angst, zerstört zu werden durch die Aggression (den Ärger) der Eltern und den Entzug der zum Leben notwendigen Elternbeziehung.

Im Zentrum der frühesten Schulderfahrung steht also die Angst vor der tödlichen Verwerfung. Sie ist Ausdruck des totalen Angewiesenseins. Verworfen, abgelehnt, ohne Liebe und Achtung kann das Leben nicht gelingen.

Eine junge Studentin kam zu mir in die Behandlung, weil sie an starken Beschwerden im Unterleib litt, ohne daß sich ein organischer Befund ergeben hätte. In den Gesprächen erzählte sie von ihrer Mutter, die anscheinend sehr depressiv war und als weibliches Wesen nicht die Anerkennung ihrer Eltern gefunden hatte. Die bekam sie erst, als sie das Manko ihres Frauseins durch die Geburt eines Jungen wieder wettmachte. Dieses Kind starb aber bald nach der Geburt, was die Versagensgefühle und Depressionen der Frau erneut steigerte. Das zweite Kind, das sie gebar, war meine Patientin. Daß es »nur« ein Mädchen war, verstärkte die Depression der Mutter. Da diese sich selbst nicht als Frau bejahen konnte, konnte sie auch ihre Tochter nicht akzeptieren. Das konnte sie nur unter der Bedingung, daß die Tochter »wenigstens« das schönste, bravste und intelligenteste Kind würde. Schuldig zu sein, gehörte so zur Grunderfahrung meiner Patientin. Sie war schuldig, weil sie kein Junge war, und sie war der Mutter die Erfüllung ihrer übersteigerten Erwartungen schuldig. Das unbestimmte und nicht genau faßbare Gefühl, nicht akzeptiert zu werden, hatte von Anfang an massive Ängste vor der tödlichen Verwerfung geweckt. Die Auflösung der ursprünglichen Mutter-Kind-Einheit gegen Ende des ersten Lebensjahres konnte sie daraufhin gar nicht anders denn als Vertreibung und Verwerfung verstehen. Als sie knapp drei Jahre alt war, bekam die Mutter ein weiteres Kind, diesmal einen gesunden Jungen. Von da an hatte die Tochter völlig ausgespielt. Als dann in der sexuellen Entwicklung der Grund ihrer Verwerfung, ihr Frausein, nicht mehr zu ignorieren war, begannen ihre Beschwerden, die Verkrampfungen im Unterleib, die als Versuch der Seele verstanden werden konnten, die sexuelle Entwicklung ungeschehen zu machen. Die Erfahrung der Ablehnung und die Angst vor der Verwerfung beherrschten und prägten ihren gesamten Lebensvollzug.

Biologisch bedeutet Verwerfung den physischen Tod, denn ohne Nahrung und Pflege kann das Kleinkind nicht überleben. Psychologisch bedeutet Verwerfung den Tod der Persönlichkeit, denn ohne Liebe und Anerkennung kann das Kind sich nicht in der ihm gemäßen Form entwickeln. Letztlich krankt der Mensch an seiner Angewiesenheit auf Liebe. Sie ist seine empfindlichste und verletzlichste Stelle. Kein Wunder, daß frühe Verletzungen und die ihr entsprechende Angst vor der tödlichen Verwerfung eine Art Siegfried-Syndrom erzeugen: den Versuch, sich total abzupanzern, um unverletzbar zu werden, ein illusorischer Versuch, wie wir wissen.

10 Die Verstärkung der Angst

Wir hatten festgestellt, daß das Kleinkind ein berechtigtes Bedürfnis hat, über die Mutter »verfügen« zu können, d. h. von ihr in ausreichendem Maße versorgt und geliebt zu werden. In den ersten Monaten nach der Geburt erlebt es die Mutter nicht als eine eigenständige, von ihm getrennte Persönlichkeit, sondern als Bestandteil seiner selbst, wie die Arme und die Beine. Wenn es in dieser Phase nicht eine beständige und stabile Zuwendung erfährt, dann bedeutet das für das Kind eine maßlose Enttäuschung und Kränkung, eben die Erfahrung, abgelehnt zu werden, und außerdem eine große Verunsicherung, die auch wir erleben würden, wenn uns unser Arm plötzlich nicht mehr gehorcht. Wie jede Enttäuschung und Kränkung erzeugt auch diese Erfahrung Wut und zugleich große Angst, eben die Angst vor der Verwerfung und damit vor dem Tod. Beobachtungen an Kleinkindern, die gerade von ihren Familien getrennt und in ein Krankenhaus gebracht worden waren, zeigten, daß die Kinder jedesmal die folgenden drei Reaktionsphasen durchlebten:

Die erste Phase ist die *Phase des Protestes*: Das Kleinkind ist hochgradig erregt, schreit und beobachtet angespannt seine Umgebung, auf ein Wiederkommen der Mutter hoffend.

Die zweite Phase ist die *Phase der Verzweiflung*: Das Kind spürt, daß es durch Protest die Mutter nicht herbeizwingen kann, und resigniert. Es wird still und inaktiv.

Die dritte Phase ist die *Phase der Ablösung*: Das Kind beginnt, sich für die neue Umgebung zu interessieren, um sich mit ihr zu arrangieren. Indem es seine Erwartungen von der Person der Mutter löst, kann es sich den Personen seiner neuen Umgebung zuwenden[17].

Diese Lösung ist allerdings keine wirkliche Lösung, sondern ein Versuch der Seele, die tief empfundene Verwundung und Verletzung durch Verwerfung zu verdrängen. Es besteht kein Zweifel daran, daß jede Form von Ablehnung und jede längere Entbehrung mütterlicher Zuwendung ernste und weitreichende Folgen für die Entwicklung des Kindes hat. Von Schwierigkeiten bei der Nahrungsaufnahme, Entwicklung eines chronischen Hungerzustandes, starker Anfälligkeit für Infekte angefangen über Depression, Kontaktscheu, Aktivitätsmangel, Entwicklungsstillstand und -verzögerung bis hin zu Spätschäden, wie Fehlen des Lebenswillens, Unfähigkeit zu echten Gefühlen und echten Kontakten, starkem Mißtrauen und dem Typ des »einsamen Trappers« reichen die Folgen[18].

Es muß nicht unbedingt eine örtliche und zeitlich lang andauernde Trennung von der Mutter erfolgt sein, um solche Verletzung zu empfinden. Wenn z. B. ein Geschwisterkind allzufrüh nachkommt und damit die Aufmerksamkeit der Mutter vom Erstgeborenen zu einem Zeitpunkt abzieht, an dem dieses sich noch nicht ein Stück von der Mutter lösen konnte, dann hat dies ähnliche Wirkungen. Aber auch mangelnde emotionale Ausgeglichenheit der Eltern, Kontaktschwierigkeiten seitens der Eltern oder Unsicherheiten im Umgang mit dem Kind können von diesem als Ablehnung und Enttäuschung erlebt werden und damit Verunsicherung, Wut und Angst auslösen.

Wenn ich bedenke, wieviel in dieser Hinsicht als Kränkung und Ablehnung wirken kann, dann scheint mir die Weckung der Angst vor Verwerfung nicht zu vermeiden zu sein. Es ist allerdings von erheblicher Bedeutung, ob es sich dabei um eine kurzfristige und vorübergehende Erfahrung handelt, oder um eine mehr oder weniger durchgehende; ob solche Angst das Kind nur vorübergehend erfüllt oder beständig sein Erleben prägt.

Die Angst vor Verwerfung ist Verlustangst und Todesangst zugleich. So versteht es sich, daß sie besonders bei Trennungserlebnissen geweckt wird. Nun gibt es ein Trennungserlebnis, das kein Mensch vermeiden kann: die Auflösung der Mutter-Kind-Symbiose gegen Ende des ersten Lebensjahres. Auch nach der Geburt erlebt das Kind sich und seine Mutter als eine Einheit, die im besten Fall der Geborgenheit und Verwöhnung des intrauterinen Lebens nahekommt. Gegen Ende des ersten Lebensjahres beginnt das Kind, zwischen »Ich« und »Nicht-Ich« zu unterscheiden. Der Versuch, »auf eigenen Füßen zu stehen«, und das »Nein« sind die äußerlichen Anzeichen dieser Entwicklung. Innerlich beginnt damit die psychische Geburt, die Entwicklung zur Autonomie, die zur inneren Trennung von der Mutter befähigt. Doch ist dieser Entwicklungsabschnitt für das Kind eine schwere Krise. Denn die Erfahrung des Unterschieden- und Getrenntseins bedeutet zwar einerseits Voraussetzung und Chance zur Entwicklung einer eigenen Persönlichkeit. Andererseits aber bedeutet sie einen Verlust an Geborgenheit und Verwöhnung; denn sie mutet dem Kind zu, als ein eigenes Individuum zu existieren und eigene Persönlichkeitsstrukturen zu entwickeln, mit denen es selbst für eine Befriedigung seiner Bedürfnisse sorgen kann. Das Kind genießt einerseits die sich neu eröffnenden Möglichkeiten, andererseits machen sie ihm Angst. Je nachdem nun, wieviel Angst bereits im Vorfeld dieser Phase erzeugt wurde, wird das Kind diesen Entwicklungsabschnitt eher als Chance oder eher als Zumutung erleben. In jedem Fall aber bedeutet das Bewußtwerden des Getrenntseins eine schwere Kränkung, da sie den paradiesischen Urzustand beendet und die Abhängigkeit bewußtmacht. Darum nennt Grunberger diese Erfahrung »die narzistische Wunde«[19].

Gerade dadurch wird erneut das Gefühl der Verwerfung (die Vertreibung aus dem Paradies) erzeugt, und die damit verbundene Todesangst geweckt. So ist diese Phase oft von dramatischen Kämpfen zwischen Wegwollen und Sich-Anklammern gekennzeichnet. Waren die Vorerfahrungen positiv, gelingt dem Kind die Lösung dieses Konfliktes in der gelassenen Überzeugung, auch als eigenständiges Individuum zu bekommen, was es braucht, und begehrt und geliebt zu werden. Waren die Vorerfahrungen dagegen schon sehr angsterregend, so wird sich jetzt das Gefühl des Hinausgeworfen- und Verworfenseins festsetzen und eine neurotische ewige Rückbewegung als Suche nach dem verlorenen Paradies einleiten. Die Verarbeitung dieser unumgänglichen und zwangsläufig ängstigenden Trennung entscheidet nicht nur über den künftigen Umgang mit Nähe und Distanz, sie hat weitreichende Auswirkungen auf den Charakter, die Daseinserfahrung und die Lebensgestaltung des Menschen.

Ein weiterer Faktor, der die Angst vor der Verwerfung verstärken und festschreiben kann, ist die Beschäftigung mit der eigenen Existenz. »Schon das Kind mit fünf, sechs Jahren beginnt, nach dem Woher und Wohin zu fragen. Diese Fragen heben sich deutlich von dem bereits vorhandenen religiösen Wissen ab und scheinen auch dann aufzutauchen, wenn das Kind ohne religiöse Beeinflussung aufwächst.«[20] In der Pubertät wird dieses Nachdenken über den Lebenssinn dann zu einem ganz zentralen Inhalt und Anliegen der Entwicklung. In der Beschäftigung mit der eigenen Existenz wird sich der Mensch seiner Zufälligkeit bewußt. Er erkennt und erlebt, daß seine Existenz weder notwendig noch von irgend jemand plan- und machbar ist. Daran ändert auch die Tatsache nichts, daß ein Kind von den Eltern gewünscht und bejaht ist. Zum Erleben der eigenen Zufälligkeit gehört die Erkenntnis, daß das eigene Leben eines Tages unweigerlich zu Ende ist, ohne daß der Lauf der Welt davon sonderlich berührt wird. Noch so große und einmalige Leistungen können nicht darüber hinwegtäuschen, daß im großen Weltzusammenhang jeder Mensch ersetzbar ist, und die Geschichte auch ohne ihn weitergeht.

Ist das Bewußtwerden der eigenen Zufälligkeit und Nicht-Notwendigkeit an sich schon bestürzend und erschreckend genug, so wird dieser Schrecken sich bei wachsendem Bewußtsein weiter verstärken. Denn in der Beschäftigung mit der eigenen Existenz geht dem Menschen auf, daß zwischen Geburt und Tod eine unbekannt lange Zeitspanne liegt, von der er weiß, daß sie von Anfang bis Ende bedroht ist von Krankheit, Leid, Sinnlosigkeit und der Gefahr, am Glück vorbeizuleben: Es ist der Blick in die Abgründigkeit der

eigenen Existenz. Diesen Blick auszuhalten, ohne zu verzwei-
feln oder in Panik zu geraten, ist eine der Grundvorausset-
zungen für Gelingen und Glücken des Lebens. Daß dieser
Blick erhebliche Angst auslöst, führt dazu, daß viele Menschen dem Gedanken an den Tod unbedingt ausweichen
wollen. Wieder also begegnet uns Todesangst.

Angst, so haben wir festgestellt, entspricht dem Gefühl
einer lauernden Bedrohung, »als ob mir jemand etwas Böses
will«. Normalerweise ist dies jedoch eine vorübergehende
Erfahrung. Aber im Bewußtwerden der Zufälligkeit und
Endlichkeit der eigenen Existenz kann diese Erfahrung ge-
neralisiert und zur grundsätzlichen Daseinserfahrung werden: Der Mensch erlebt sich in seinem Leben von der Geburt
bis zum Tod bedroht. Diese existentielle Angst läßt sowohl
zurückschrecken (vor dem Leben, das als Zumutung empfunden wird) als auch sich anklammern (an irgend etwas, von
dem man sich Halt, Sinn und Glück verspricht). Aus der
vorübergehend empfundenen Angst vor der Bedrohung des
eigenen Lebens wird so ein grundsätzliches Gefühl des Be-
drohtseins. Die Angst wird zur eigentlichen Daseinserfahrung und zum beherrschenden Moment der Lebensführung, auch wenn dies nicht bewußt geschieht.

11 Leben in Angst

Bereits S. Freud hat herausgearbeitet, daß nicht ein ur-
sprüngliches und natürliches Empfinden für Gut und Böse,
Angemessen und Unangemessen die Lebensführung bestimmt, sondern die Angst vor dem Liebesverlust. »Ein ur-
sprüngliches, sozusagen natürliches Unterscheidungsvermö-
gen für Gut und Böse darf man ablehnen. Das Böse ist oft gar
nicht das dem Ich Schädliche oder Gefährliche, im Gegenteil
auch etwas, was ihm erwünscht ist, ihm Vergnügen bereitet.
Darin zeigt sich also fremder Einfluß; dieser bestimmt, was
Gut und Böse heißen soll. Da eigene Empfindung den Menschen nicht auf denselben Weg geführt hätte, muß er ein
Motiv haben, sich diesem fremden Einfluß zu unterwerfen. Es
ist in seiner Hilflosigkeit und Abhängigkeit von anderen leicht
zu entdecken, kann am besten als Angst vor dem Liebesverlust
bezeichnet werden.«[21] Das Kleinkind macht die Erfahrung,
daß es durch seine Lebensäußerungen die Liebe und Zuwendung der Eltern fördern, aber auch riskieren kann. Der
drohende Verlust der Liebe erzeugt bei ihm die Angst vor
Verwerfung und Tod. Das Kleinkind macht weiterhin die
Erfahrung, daß es diese Bedrohung bewältigen kann, indem
es sich den Erwartungen der Eltern anpaßt. Wird ihm in einer
stabilen und warmen Eltern-Kind-Beziehung Raum gegeben,
seine Gefühle, seine Empfindungen und seine Wünsche zu
erleben und zu leben, dann gewinnt es Sicherheit und Selbstvertrauen – als Grundlage für eine eigene Persönlichkeitsentwicklung. Fehlt ihm jedoch dieser Raum, dann wird die Angst
vor dem Liebesverlust zum eigentlichen Motiv der Lebensführung. »Die Drohung, sich vom Kind abzuwenden, ist für
das Kind so unerträglich, daß Mütter damit leichter erzieheri-
sche Forderungen durchsetzen können. Und es steht fest, daß
dieses das Kind höchst verunsichernde Erziehungsmittel
generell angewandt wird, obwohl zumal Psychoanalytiker
unermüdlich darauf hinweisen, wie erheblich diese Methode

das Heranwachsen von Selbstsicherheit und Selbstvertrauen im Kinde beeinträchtigt.«[22] Insbesondere die schwierigen Erfahrungen bei der Auflösung der ursprünglichen Mutter-Kind-Einheit gegen Ende des ersten Lebensjahres machen Trennungsangst und Angst vor Liebesverlust zu einem jederzeit mobilisierbaren Druckmittel.

Was bei der realen Abhängigkeit des Kleinkindes nicht verwundert, bleibt vielfach aber auch noch beim Heranwachsenden und Erwachsenen ein Problem. »Wir müssen uns mit der vielen befremdlich, möglicherweise schockierend erscheinenden Tatsache abfinden, daß auch der sogenannte normale Erwachsene sich nicht grundsätzlich vom Kind in seiner Gefährdung durch Vereinsamungserfahrungen und in seiner Anfälligkeit für Trennungsangst unterscheidet.«[23] Ohne eine stabile Persönlichkeitsentwicklung bleibt die Trennungsangst das Leben lang ein ausbeutbarer Faktor im Menschen. Davon wird reichlich Gebrauch gemacht. Wer in der Lage ist, bei einem Menschen diese Angst zu mobilisieren, hat den Menschen in der Hand, kann ihn seinen Forderungen gefügig machen. So werden die frühen Erfahrungen zu einem prägenden Moment der Lebensführung, das anderen eine Bedeutung und Macht verleiht, die die Eigenentwicklung und -entfaltung verhindert[24].

In der Erziehung wird traditionell mit diesem Druckmittel gearbeitet. Aber auch in vielfältigen Sozialbeziehungen wird mit Trennungsangst operiert. Selten findet man Toleranz und Achtung vor dem So-Sein des Menschen. Viel häufiger macht man die Erfahrung, daß Anerkennung und Wohlwollen abhängig gemacht werden von der Anpassung an die Normen und Erwartungen derer, deren Anerkennung man gewinnen möchte. Das Kleinkind ist real auf die Anerkennung der anderen angewiesen, wenn es leben will. Es kann nicht einfach weggehen und sich andere Eltern suchen, mit denen es besser auskommt. Der erwachsene Mensch aber hat diese Freiheit. Er kann auch eigenständig existieren, kann, wenn ihm Anerkennung und Liebe verweigert werden, andere Beziehungen suchen.

Dennoch bleiben vielfach auch beim Erwachsenen die alten Mechanismen wirksam. Wegen ihres legitimen Bedürfnisses nach Zugehörigkeit und Zuwendung leben viele gegen sich selbst, indem sie ihre ureigenen Empfindungen, Gedanken und Wünsche ignorieren oder verdrängen, um sich den Erwartungen anderer anzupassen – in der Hoffnung, dadurch akzeptiert zu werden. »Wer so genötigt wird, dauernd im Sinne von Vorschriften zu reagieren, die nicht Ausdruck seiner Triebneigungen sind, der lebt, psychologisch verstanden, über seine Mittel und darf objektiv als Heuchler bezeichnet werden, gleichgültig ob ihm diese Differenz klar bewußt geworden ist oder nicht. Es ist unleugbar, daß unsere gegenwärtige Kultur die Ausbildung dieser Art von Heuchelei in außerordentlichem Umfang begünstigt. Man könnte die Behauptung wagen, sie sei auf solcher Heuchelei aufgebaut und müßte sich tiefgreifende Abänderungen gefallen lassen, wenn es die Menschen unternehmen würden, der psychologischen Wahrheit nachzuleben.«[25] Der Anpassungsvorgang läuft in der Regel gar nicht mehr bewußt. Es sind nicht unbedingt ausgesprochene Erwartungen, die die Trennungsangst mobilisieren. Der Mechanismus hat sich verselbständigt und funktioniert bereits bei vermuteten Erwartungen. In Ehe, Familie, Nachbarschaft, Freundeskreis, Gruppen – überall wird mit dem Entzug von Anerkennung und Liebe gedroht und gearbeitet. In der Trennungsangst findet diese Drohung einen mächtigen Partner, der zur Anpassung zwingt. Da durch die frühen Erfahrungen keine Sicherheit hinsichtlich des eigenen Fühlens und Wollens erworben wurde, entwickelt sich eine Scheinpersönlichkeit, die ständig um Orientierung an anderen Personen bemüht ist, aber ebenso ständig das fade Gefühl hat, am Wirklichen vorbeizuleben.

Nicht nur im sozialen Beziehungsgeflecht, auch in der Arbeitswelt wird mit der latent vorhandenen Trennungsangst gearbeitet, um den einzelnen in den Machtapparat einzufügen. Wir brauchen da nicht nur an die offen ausgesprochene Kündigungsdrohung zu denken. Die Vorgänge sind viel subtiler. Wer beispielsweise in eine neue Firma eintritt, möchte ja nicht der Fremde und Einzelgänger bleiben, er möchte dazugehören und im Kollegenkreis ein Stück Geborgenheit finden. Schon beginnt der Mechanismus zu wirken. Kann er aufgrund seiner Trennungsängste wenig Isolation aushalten, wird er sich sofort um Anpassung bemühen und dafür seinen eigenen Stil und eventuelle Änderungspläne aufgeben. Will er sich selbst in seiner Persönlichkeit und in seinen Vorstellungen treu bleiben, wird er ein hohes Maß an Isolation aushalten müssen. Ich glaube, daß sich in unseren Institutionen deshalb so wenig ändert, weil der überwiegende Teil der Aufsteiger trennungsängstlich geschädigt ist und deshalb nicht genügend Isolation aushalten kann. So passen sie sich bald dem vorherrschenden Betrieb an, um den Schutz einer Gruppe zu erfahren.

Offensichtlich kann der einzelne seine Angst nur dadurch in Schach halten, »daß er sich durch eine konformistische Anklammerung an schützende Partner, Gruppen, Institutionen, Ideologien einen Zustand von unzerstörbarer Geborgenheit suggeriert. ... Eben aber deshalb, weil Isolation so unerträglich geworden ist, daß zu ihrer Unsichtbarmachung gemeinhin permanent vielfältige Anklammerungen und Anpassungen an äußere Stabilisatoren notwendig sind, gibt es keine ähnlich verwundbare Stelle wie diese, die jederzeit für die Manipulation von Menschen durch Menschen und von Menschen durch Institutionen ausgenützt werden kann. Die Bedrohung mit Isolation – und damit mit vermeintlicher Vernichtung – ist das wirksamste Instrument, jederzeit Gefügigkeit zu erzwingen. Ein teuflischer Kreisprozeß bewirkt, daß die Trennungsdrohung als geläufiges Mittel der Kindererziehung in unserem Kulturkreis jede neue Generation wiederum im Übermaß für diese Angstform sensibilisiert und es ihr enorm erschwert, so viel Isolation zu erleiden und zu tragen, wie im Grunde für den Menschen notwendig ist, um wirklich zu einer eigentlichen Identität zu gelangen und der Vielfalt der alltäglichen korrumpierenden Manipulationen leidlich standhalten zu können.«[26] Die Angst vor

Verwerfung, vor Isolation und Tod verurteilt zu einer Lebensgestaltung unter dem Vorzeichen der Angst. Sie garantiert zwar ein Überleben, verhindert aber die Entwicklung
einer eigenen Identität und damit die Grundlage eines gelin-
genden und glückenden Lebens.

12 Infantile Schuldgefühle

Sowohl das überwertige Erleben von Schuld im Schuldkomplex als auch das Leugnen von Schuld im Unschuldswahn hat seine Ursache in der existentiellen Angst, der Angst vor dem existenzbedrohenden Verlust von Anerkennung und Liebe. Darin spiegeln sich reale Erfahrungen des Kleinkindes wider, weshalb wir diese Art des Schulderlebens als infantil, d. h. der kindlichen Erlebnisweise zugeordnet, bezeichnen können. Zusammenfassend lassen sich folgende Merkmale aufzählen, die infantile Schuldgefühle kennzeichnen:

a. *Schuldgefühle sind gleichbedeutend mit Angst vor Liebesverlust.*
Diese Angst steht im Zentrum des Erlebens.

b. *Schuldgefühle sind nicht Ausdruck einer bewußten Reflexion über den Wert und die Angemessenheit des eigenen Verhaltens.*
Sie entsprechen also nicht einer ethisch-moralischen Haltung und Orientierung, sondern sie sind automatische Reaktion auf die erfolgte bzw. phantasierte Reaktion der Umwelt.

c. *Schuldgefühle haben ein negatives Selbstbild zur Folge.*
Denn in der Angst vor dem Verlust der Anerkennung erlebt sich der Mensch als »nicht liebenswert«.

d. *Schuldgefühle führen zum Selbstverlust.*
Um dem Liebesverlust, der Trennung und Isolation entgegenzuarbeiten, werden die ureigenen Wünsche und Strebungen unterdrückt und bekämpft, um den Erwartungen der anderen entsprechen zu können und so Anerkennung und Zugehörigkeit zu erreichen.

e. *Schuldgefühle tendieren zur Generalisierung.*
Durch Reaktionen der Umwelt, wie das Mobilisieren der Trennungsangst, und durch die Erfahrung der eigenen Zufälligkeit und Endlichkeit kann die Angst vor Verwerfung zum Grundgefühl des Daseins werden.

Durch infantile Schuldgefühle wird Angst zur entscheidenden Triebfeder der Lebensführung. Aus Unsicherheit hinsichtlich des eigenen Fühlens und Wollens und aus Angst vor der Isolation und deren zerstörerischer Folgen wird Schutz und Orientierung an den Normen und Erwartungen der Außenwelt gesucht. Das angstbestimmte Leben ist außengesteuertes Leben, das zwar die Anerkennung und den Schutz einer Autorität, Gruppe oder Institution verspricht, in Wahrheit jedoch die Entwicklung einer eigenständigen Persönlichkeit und einer eigenen Identität verhindert.

III
Das materialistische Schuldverständnis

13 Die wahren Motive kennenlernen

Auch im Erwachsenenalter tragen unser Schuldverständnis und unser Umgang mit Schuld weithin die Kennzeichen infantiler Schuldgefühle. Vielen Menschen gelingt es zwar, sich im Denken von Normen und moralischen Vorstellungen ihrer Kindheit und ihrer Erzieher zu lösen, aber die Frage nach dem angemessenen Umgang mit Schuld ist nur z. T. ein gedanklich-inhaltliches Problem. Neben der notwendigen Überlegung, welche Werte sinnvoll sind und auch heute Geltung beanspruchen können, müssen auch strukturelle Hintergründe betrachtet werden. Denn für einen angemessenen Umgang mit Schuld ist es auch wichtig, wie z. B. die Wertentscheidung zustande gekommen ist und welche Kräfte und Motive mein Verhalten bestimmen. Ein Mensch, der nur deshalb keinen Diebstahl begeht, weil er Angst hat, erwischt und bestraft zu werden, verfügt deshalb noch nicht über eine angemessene Einstellung zum Eigentum anderer. Der Staat mag mit dem Faktum des Nichtstehlens zufrieden sein, er setzt ja auch in seiner Gesetzgebung und Rechtsprechung auf die abschreckende Wirkung der Strafe. Aber der Ethiker erwartet sicherlich mehr, er setzt auf eine entsprechende Überzeugung, die das Eigentum anderer respektiert. Der Frage nach den Beweggründen eines Verhaltens kommt darum große Bedeutung zu. Dazu zählen jedoch nur bedingt die gedanklichen Erwägungen. Wenn Eltern ihr Kind fragen, »warum hast du das getan?« oder ein Jurist einen Kaufhausdieb nach dem Motiv seiner Tat fragt, dann erwarten sie in der Regel Auskunft über Gedanken, die vor der Tat abliefen, etwa: ich wollte das unbedingt haben, aber da ich kein Geld hatte, habe ich versucht, es so mitzunehmen. Aber die gedanklichen Erwägungen machen nur einen Teil unserer Beweggründe aus.

Der Psychologe ist darum noch an einer ganz anderen Art Beweggrund interessiert, an Verhaltensmotiven, die dem

Täter in sehr vielen Fällen gar nicht bewußt sind. So weiß der Psychologe um Ladendiebstähle, die weder mit dem Motiv »Habsucht«, noch mit dem Motiv »jugendliche Abenteuerlust« erklärbar sind, sondern andere Beweggründe zur Ursache haben, die tief in der Persönlichkeitsstruktur und in den Erfahrungen der persönlichen Lebensgeschichte des Betroffenen begründet sind. Motivforschung ist darum immer auch Persönlichkeitsforschung. Das gilt nicht nur für den augenfälligen Sonderfall, sondern generell bei der Frage nach den Beweggründen unseres Verhaltens.

Vor kurzem hatte ich eine Diskussion mit Eltern von Jugendlichen über die Frage, ob Eltern zulassen können, daß ihre »Kinder« unverheiratet mit einem Partner zusammenleben. Wir haben im Gespräch zu klären versucht, welche Gründe die Jugendlichen zu ihrem Verhalten bewegen und welche die Eltern zu dem ihren, z. B. zu der zu diskutierenden sorgenvollen Anfrage. Schon allein die emotionale Heftigkeit der Diskussion zeigte, daß es hier um mehr ging als um die gedankliche Erwägung, welches Verhalten im Hinblick auf verantwortete Partnerschaft, menschenwürdigen Umgang mit Sexualität und persönliche Reifung sinnvoll und angemessen ist. Auch die Schwierigkeit, die eigene Einstellung und das eigene Verhalten mit Argumenten zu begründen, wies darauf hin, daß hier mehr im Spiel war. Erfreulicherweise gelang es im Verlauf der Diskussion, wenigstens ein wenig den Blick auf andere, bislang unbewußte Beweggründe zu lenken: etwa die persönliche Schwierigkeit der Eltern, frei mit Sexualität umzugehen; oder eigene Ängste vor dem Verlust des Partners (was deshalb auf gesetzlich und kirchlich verankerte Bindung pochen läßt); oder Unzufriedenheit mit der eigenen Ehe (die das »bindungslose« Zusammenleben der Jugendlichen als persönliche Herausforderung empfinden läßt); oder Überverantwortlichkeit der Eltern (die auch dem erwachsenen Kind noch keine eigenständige Entscheidung über seine Lebensform zugestehen kann). All das waren Beweggründe, die die Einstellung und dementsprechend das Verhalten der Eltern bestimmten, ohne daß sie sich dieser Quellen ihres Handelns und Denkens immer bewußt gewesen wären.

Wirkliche Motivforschung kann sich deshalb nicht mit der rationalen Ebene einer Einstellung und eines Verhaltens zufrieden geben, sie muß weiter fragen. Wenn wir uns z. B. mit der kirchlichen Sexualmoral auseinandersetzen, dann genügt es nicht, danach zu fragen, ob die geforderten Einstellungen und Verhaltensweisen logisch mit anderen Lehren innerhalb der Theologie übereinstimmen. Dann genügt es auch nicht, nach den Absichten und Zielen zu fragen, die mit dieser Moral verfolgt werden. Dann muß vielmehr auch nach den möglicherweise unbewußten Motiven derer gefragt werden, die diese Richtlinien erlassen, ob ihr Urteil z. B. durch zölibatäre Sexualangst oder verdrängte Homosexualität oder andere Motive getrübt und bestimmt ist.

Zum strukturellen Hintergrund unserer Moral gehört wesentlich das, was die Transaktionsanalyse, eine Form der Psychotherapie, mit »Eltern-Ich«, »Kindheits-Ich« und »Erwachsenen-Ich« umschreibt. Mit dem Begriff *Eltern-Ich* bezeichnet sie jenen Anteil unserer Persönlichkeit, in dem alles gespeichert ist, was wir als Kinder unsere Eltern tun sahen oder reden hörten. Dazu gehören alle Ermahnungen und Regeln, die wir von unseren Eltern hörten oder von ihrer Lebensführung ablasen: Eine höchst wirksame Sammlung von Verhaltensregeln, angefangen von alltäglichen Gebrauchsanweisungen, die vorschreiben, »wie man's macht« (die Suppe essen, die Jacke aufhängen, einen anderen begrüßen), bis hin zum Moralkodex. Auch was ein Kind von älteren Geschwistern oder Autoritätspersonen erfährt, ist im Eltern-Ich gespeichert. Diese Sammlung von Informationen hilft dem kleinen Kind, zurechtzukommen. Später müssen diese Regeln jedoch kritisch überprüft, verändert und unter Umständen durch angemessenere ersetzt werden.

Das *Kindheits-Ich* umfaßt die Sammlung aller inneren Ereignisse, die gefühlsmäßigen Reaktionen des Kindes auf das, was es hört und sieht. Dazu gehören lustvolle Erfahrungen ebenso wie Gefühle von Enttäuschung, Zurückweisung und

Verlassenheit: Eine Sammlung, die entscheidend für unser Selbstwertgefühl ist.

»Das *Erwachsenen-Ich* ist ein Datenverarbeitungssystem, das Entscheidungen ausspuckt, nachdem es Informationen aus drei Speichern durchgerechnet hat: aus dem Eltern-Ich, aus dem Kindheits-Ich und aus Informationen, die das Erwachsenen-Ich gesammelt hat und noch sammelt.«[27] Es ist jener Anteil unserer Persönlichkeit, der zur Führung eines eigenständigen, individuellen und realitätsgerechten Lebens befähigt.

Für unsere Frage nach dem strukturellen Hintergrund unserer Moral ist es deshalb von großer Bedeutung, ob die jeweiligen Einstellungen und Verhaltensweisen mehr dem Eltern-Ich, mehr dem Kindheits-Ich oder mehr dem Erwachsenen-Ich zuzuordnen sind. Denn ein angemessenes Verständnis von Schuld und ein sinnvoller Umgang mit Schuld ist sicherlich nur vom Erwachsenen-Ich her möglich.

Ein gutes Beispiel dafür ist nocheinmal die eben erwähnte Diskussion mit den Eltern. Bereits die Formulierung dieser Frage mit ihrem »darf ich?« verweist auf das Eltern-Ich. Im Verlauf der Diskussion fielen Äußerungen wie »alles muß doch seine Ordnung haben«, »man muß...«, »wir sollten...« und »sagen Sie doch mal...« Es sind Äußerungen, die auf unantastbare Grundsätze verweisen, keinen Entscheidungsspielraum mehr offen lassen und eine kritische Überprüfung auf ihren Sinn nicht dulden. Solche Äußerungen sind ein Indiz für das Eltern-Ich, das hier am Werke ist. Die Anfrage dagegen, »mache ich mich nicht mitschuldig, wenn ich meinem Kind die Ehe ohne Trauschein nicht verbiete?«, war ein Indiz für das Kindheits-Ich, denn in ihr spiegelte sich die Angst wider, nicht in Ordnung zu sein, die Angst vor Zurückweisung und Ablehnung. Es gab nur wenige Äußerungen, die offen und ohne Angst nach dem Warum und Wozu fragten und dazu noch die persönliche Herkunft der Gedanken durch Formulierungen wie »*ich* denke...« und »*ich* glaube...« kennzeichneten, Indizien, die auf das Wirksamsein des Erwachsenen-Ich verweisen.

Wir müssen uns also fragen, ob unsere Einstellungen und Verhaltensweisen eher von unreflektierten und unantastbaren Grundsätzen oder eher von Angst und mangelndem Selbstwertgefühl bestimmt sind, oder ob sie einer kritischen Überprüfung aller zur Verfügung stehenden Informationen gewachsen sind.

Ein letztes wichtiges Kriterium ist für umfassendes Verstehen von Schuld schließlich die Frage nach den Auswirkungen unseres persönlichen moralischen Systems. Es gibt ja Menschen, denen man im Sinne eingehaltener Vorschriften sicherlich eine hohe Moralität zuerkennen muß, die aber von ihrem Wesen her sehr bitter und hart wirken. Wir dürfen dann vermuten, daß ihre Moralität Ausdruck und Ergebnis eines ständigen Kampfes gegen sich selbst ist. Das war und ist ja geradezu das Ziel der »klassischen« Moral: die »bösen« Triebe, Wünsche und Tendenzen in sich zu bekämpfen. Diese persönlichkeitsspaltende Wirkung ist letztlich eine persönlichkeitszerstörende Wirkung. Dazu kommt, daß Fehlverhalten als Versagen empfunden wird, starke Ängste auslöst und den Selbstwert erheblich in Frage stellt. Für einen angemessenen Umgang mit Schuld muß deshalb überlegt werden, wie eine Lebensführung im Einklang mit der eigenen Person ermöglicht werden kann, so daß Fehlverhalten zur Veränderung motiviert, ohne den Selbstwert und die Daseinsberechtigung aufzuheben.

14 Befehlen und Vereinfachen

Wenn ich jetzt im folgenden den Begriff »moralisches System« verwende, dann möchte ich damit sowohl den inhaltlichen Aspekt der Moral (ihre Regeln und deren verstandesmäßige Begründungen), den Gefühlsaspekt (die von den Inhalten und vom Verhalten ausgelösten Gefühle) und den Handlungsaspekt (das tatsächliche Verhalten) umfassen als auch die strukturelle Organisation (Zusammenhang mit der Persönlichkeitsstruktur und die Handhabung der Moral durch Autoritäten).

Unser traditionelles moralisches System besitzt eine autoritäre Struktur.

Es unterteilt die Menschen in Autoritäten und Untergebene, in Gesetzgeber und Gehorsamspflichtige, eben in solche, die bestimmen, wo es lang geht, und andere, die sich diesen Bestimmungen fügen müssen. Die Eltern entscheiden für das Kind, die Älteren für die Jüngeren, der Gruppenleiter für die Mitglieder, der Lehrer für die Schüler, der Chef für die Angestellten, die Kirche für die Gläubigen, der Staat für die Bürger. Das Eltern-Kind-Beziehungsschema, das die einen zu mächtigen Größen aufwertet und die anderen klein und unmündig hält, durchzieht alle Bereiche des Zusammenlebens, von der Familie angefangen über Gruppen, Vereine, Betriebe und Institutionen bis hin zu den politischen Strukturen. Da entscheiden Fernsehintendanten darüber, welche Nachrichten, Meinungen und Sendungen dem Zuschauer zugemutet (zugetraut?) werden können, anstatt diesem selbst die Entscheidung zu überlassen. Da verkennen demokratische Politiker, daß sie Treuhänder des Volkes sind, und filtern statt dessen Informationen nach ihrem Gutdünken und persönlichem Nutzen. Da fordern Ärzte, von ihren Patienten nach Verlauf und Risiken einer Behandlung gefragt, daß man ihnen vertrauen und ihnen die Entscheidung überlassen solle.

Das Zusammenleben der Menschen ist weitaus mehr von Über- und Unterordnung bestimmt als von der gleichen Würde und der gegenseitigen Respektierung. Die Entmündigung des einzelnen ist tief verwurzelt.

Mich erschreckt immer wieder, wie wenig dieses Beziehungsschema bewußt ist und wie schnell Erwachsene in das Kindverhalten zurückfallen und sich darin einrichten. Ich denke da z. B. an Elternabende, bei denen ich die Eltern bitte, in kleinen Gruppen einige Fragen zu diskutieren. Nicht nur, daß fast regelmäßig erwartet wird, daß ich bestimme, wer in welche Gruppe gehört, es sind auch jedesmal einige dabei, die wie Schüler den Lehrer fragen, ob sie alles ausfüllen und beantworten müssen, oder ob sie sich etwas aussuchen dürfen. Sie trauen sich nicht, ohne eine entsprechende Erlaubnis selbst zu entscheiden.

Was in einem Arbeitsprozeß durchaus sinnvoll ist, nämlich die Zentrierung der Entscheidung (da ja Arbeitsvorgänge koordiniert werden müssen und Fachkompetenz erforderlich ist), ist in der Grundgestaltung des Lebens äußerst problematisch. Denn in der Moral geht es nicht um irgendetwas, sondern um die Führung meines Lebens, um die Art und Weise, in der ich mein Leben gestalte und ausrichte, um den Sinn und die Ziele, die ich meinem Leben verleihe, um Werte, an denen ich meine Entscheidung orientiere. Doch das traditionelle moralische System läßt dem einzelnen wenig Entscheidungsspielraum. Statt dessen wird das Eltern-Kind-Beziehungsschema auch in diesem zentralen Bereich menschlicher Existenz festgeschrieben. Da gibt es auf der einen Seite institutionalisierte Autoritäten (Eltern, Lehrer, Priester, Amtsinhaber), die – z. T. unter Berufung auf die absolute Autorität Gottes – entscheiden, was gut und was böse ist, und auf der anderen Seite die Mehrheit derer, die diesen Autoritäten gegenüber zu Gehorsam verpflichtet wird. »Die von Gott uns anvertraute Hinterlage der Wahrheit und das von Gott uns aufgetragene heilige Amt, das

Sittengesetz in seinem ganzen Umfang zu verkünden, zu erklären und – ob erwünscht oder unerwünscht – auf seine Befolgung zu drängen, unterwerfen nach dieser Seite hin wie den gesellschaftlichen, so den wirtschaftlichen Bereich vorbehaltlos unserem höchstrichterlichen Urteil.«[28] Zwar wird der Entscheidungsanspruch der kirchlichen Autorität heute nicht mehr so drastisch wie hier noch von Papst Pius XII. zum Ausdruck gebracht, aber die autoritäre Struktur der kirchlichen Moral ist geblieben. Zwar versuchen die staatlichen Organe nicht mehr unmittelbar, auf den Lebenswandel des Bürgers einzuwirken, aber es gibt nach wie vor genügend Versuche, eine bürgerlich-konservative Moral zu fordern. Die gegenwärtige Diskussion um geeignete Maßnahmen gegen die Ausbreitung der Immunschwächekrankheit AIDS zeigt dies deutlich: Auf Kontrolle wird vielfach mehr gesetzt als auf Aufklärung. Im Grunde wird weder dem angeblich mündigen Bürger im staatlichen Bereich noch dem angeblich mündigen Christen im kirchlichen Bereich wirklich zugetraut, selbst Verantwortung zu übernehmen.

Angesichts der vielen Zerrformen menschlicher Lebensgestaltung und deren zerstörerischen Auswirkungen auf den einzelnen und die Gesellschaft, ist dieses Mißtrauen verständlich. Aber anstatt die Selbstkompetenz wenigstens zu fördern und den einzelnen in seiner Selbst- und Sinnfindung zu stärken, verunsichert ihn das traditionelle moralische System, indem es seine Kompetenz bezweifelt. Die elterliche Verunsicherung und Entmündigung (»das kannst du gar nicht richtig beurteilen«) findet im Herrschaftsanspruch der moralischen Autoritäten ihre ständige Fortsetzung.

Wir haben bereits früher gesehen (S. 39 f.), wie wichtig es für eine gesunde Selbstentwicklung ist, daß das Kind die unbezweifelbare Sicherheit entwickelt, daß empfundene Gefühle und Wünsche zu ihm selbst gehören und gehören dürfen. »In diesem unreflektierten, selbstverständlichen Zugang zu eigenen Gefühlen und Wünschen findet der Mensch seinen Halt und seine Selbstachtung. Er darf seine Gefühle leben, darf traurig, verzweifelt oder hilfsbedürftig sein ... Er darf Angst haben, wenn er bedroht wird, darf böse werden, wenn er seine Wünsche nicht befriedigen kann. Er weiß nicht nur, was er nicht will, sondern auch, was er will, und darf es zum Ausdruck bringen, unabhängig davon, ob er dafür geliebt oder gehaßt wird.«[29] Doch genau diese Sicherheit wird im traditionellen moralischen System verhindert. Statt dessen wird der Mensch ständig mit Ansprüchen an sein Verhalten konfrontiert, wird täglich von ihm Erfüllung der Erwartungen gefordert, werden eigene Vorstellungen und Wünsche als Eigensinn und Bösartigkeit diskriminiert. Die Erziehung nach dem traditionellen System ist nicht an der Selbständigkeit und Selbstbestimmung des einzelnen interessiert, sondern an seiner Anpassung an vorgegebene Ziele und Vorstellungen. Der Sieg dieser Erziehung ist die totale Verunsicherung, in der die Frage »wie muß ich sein?« die viel ursprünglichere Frage »wer bin ich?« abgelöst hat. So schafft die autoritäre Struktur eine lebenslange Abhängigkeit von äußeren Mächten wie Gott, den Normen der Gesellschaft, institutionalisierten Autoritäten und der Tradition, eine typische Eltern-Ich-Moral.

Das traditionelle moralische System ist rationalistisch.

Denn es geht davon aus, daß jedes Verhalten das Ergebnis einer freien und bewußten Entscheidung ist. »Das sittlich Böse ist der positiv gesetzte Gegensatz zum Guten, das erkannte und gewollte ›Nein‹.«[30] Dahinter verbirgt sich ein Menschenbild, das den Menschen einseitig von seiner Vernunft her begreift und dieser eine absolut wirksame Verhaltenskontrolle zutraut. Dieses Menschenbild spielt in der Erziehung eine wichtige Rolle.

Das empfinde ich immer wieder, wenn ich mit Eltern über Erziehungsprobleme spreche. Denn die Eltern meinen vielfach, den »Ungehorsam« des Kindes, das Nichtbeachten elterlicher Gebote und Verbote auf eine freie und bewußte

Entscheidung des Kindes zurückführen zu können. So schilderte mir ein Vater, daß er seinem achtjährigen Sohn mehrfach ausdrücklich verboten hatte, die nicht ungefährliche Leiter zu einem Baumhaus in der Nachbarschaft zu besteigen. Obwohl er ihm die Gefahren erklärt hätte, sei sein Sohn dennoch die Leiter hochgeklettert und prompt heruntergefallen. Der Vater bewertete dies als eine bewußte und gewollte Mißachtung seiner Weisung. Doch an dieser Einschätzung ist mehreres falsch. Zum einen war es ja nicht Ziel des kindlichen Verhaltens, den Vater zu brüskieren, sondern das Baumhaus zu erkunden. Zum anderen machte das Wissen um das väterliche Verbot und die möglichen Gefahren des Hochkletterns nur einen Teil der Kräfte aus, die das Verhalten des Kindes bestimmten. Hinzu kamen nämlich eine kindgemäße Abenteuerlust und Neugierde sowie der Gruppendruck der Spielkameraden, die schon längst »oben« gewesen waren. Außerdem besitzt ein achtjähriges Kind keine so stark entwickelte Persönlichkeit, daß ihm eine jederzeit wirksame Kontrolle seines Verhaltens möglich wäre. Vielmehr erlebte das Kind in sich einen Konflikt zwischen »Kopf« (Vaters Verbot, mögliche Gefahr) und »Herz« (Abenteuerlust, Neugiertrieb, nicht als feige gelten wollen, dazugehören wollen), der nicht im Sinne einer bewußten Überlegung unter Abwägen des Für und Wider entschieden wurde, sondern durch das Überwiegen der triebhaften Anteile zum mißbilligten Verhalten führte.

Das traditionelle moralische System berücksichtigt nicht, daß menschliches Verhalten von vielen Faktoren bestimmt wird, von denen das bewußte Erwägen und Entscheiden nur einen, vielleicht geringen, Teil ausmacht. Das gilt nicht nur für das Kind, sondern auch für den Erwachsenen. Vieles an unserem Verhalten ist automatisiert oder geschieht spontan, ohne daß ihm eine bewußte Willensentscheidung vorausginge. Ein Autofahrer als Beifahrer wird in brenzligen Verkehrssituationen automatisch auf die Bremse treten wollen, obwohl auf seiner Seite gar keine Bremse vorhanden ist. Diese Reaktion erfolgt unbewußt, und das ist gut so. Denn wenn wir alles jederzeit bewußt und überlegt entscheiden müßten, kämen wir in unserem Leben nicht zurecht. Automatisierte und eingespielte Verhaltensweisen erleichtern einen angemessenen Umgang mit den Situationen des Lebens.

Andere Verhaltensweisen erfolgen spontan: Wenn ich mich z. B. angegriffen fühle und mit einer Bemerkung antworte, die den anderen verletzt, dann ist diese Bemerkung nicht Ausdruck einer bewußten Entscheidung, den anderen zu verletzen, sondern spontane Reaktion mit dem mir in diesem Moment nicht bewußten Ziel, mein inneres Gleichgewicht wiederherzustellen.

Andere Verhaltensweisen wiederum sind von gänzlich unbewußten Faktoren bestimmt. Gerade die Art und Weise, Beziehungen zu anderen Menschen zu erleben und zu gestalten, erfolgt nach Mustern, die dem Betroffenen nicht bewußt sind und auf komplizierte Lernvorgänge in der Lebensgeschichte zurückgehen.

So erzählte mir eine siebzehnjährige Schülerin in der Therapie des öfteren, daß wieder ein wesentlich älterer Mann versucht hatte, mit ihr zu schlafen. Mal waren es Lehrer der Schule, mal Geschäftsfreunde des Vaters, mal der Vorgesetzte im Ferienjob. Obwohl sie anscheinend nichts dazu tat, geriet sie immer wieder in die gleiche Situation; und obwohl es ihr jedesmal zuwider war, duldete sie doch die ersten Annäherungsversuche und ermunterte damit die Männer. Das war keine freie und bewußte Entscheidung, sondern eine quälende und zugleich faszinierende, sich wiederholende Beziehungsstruktur. Erst die Therapie konnte aus diesem Zwangsmechanismus befreien, indem sie bewußtmachte, daß hier ständig eine frühkindliche Situation neu inszeniert wurde: das mütterlicherseits abgelehnte Kind, das das durchaus sexuell mitgeprägte Wohlwollen und Interesse des Vaters als faszinierend und bedrohlich zugleich erlebt; bedrohlich, weil es der Kraft dieses Gefühles und Triebes noch nicht gewachsen war, und faszinierend, weil es so durch sein Geschlecht Anerkennung und Zuwendung erfahren konnte. Weder willentlich noch schicksalhaft geriet diese junge Frau so oft in die gleiche Situation, sondern unbewußt versuchte sie, Selbstbestätigung zu erfahren, obwohl sie jedesmal mit dem Gefühl der Demütigung und des Mißbrauchtwerdens aus diesen Erlebnissen hervorging.

Der rationalistische Ansatz des traditionellen moralischen Systems erkennt nur dem Bewußtsein unmittelbar zugängliche Zusammenhänge an, andere werden von ihm geleugnet oder ignoriert. Von diesem Ansatz aus kann ein Verhalten nur logisch und rational verstanden werden, aber nicht psycho-logisch. Denn »logisch verstehe ich, daß zwei Größen, die einer dritten gleich sind, auch untereinander gleich sind. Rational verstehe ich, daß jemand, um einen bestimmten Zweck zu erreichen, sich bestimmter Mittel bediene. Psychologisch verstehe ich, wenn jemand aus Wut über ein Mißgeschick mit den Füßen stampft.«[31] Doch das Bemühen um ein psychologisches Verstehen wird vom rationalistischen Standpunkt aus als Persilscheinpsychologie verleumdet, die jegliche Schuld und Verantwortung leugnen wolle. »Die ... Psychoanalyse ist nicht zuletzt darum faszinierend, weil sie den peinlichen Verdacht, es könnte so etwas wie persönliche Schuld geben, weit von uns weist: Persilscheinpsychologie.«[32]

Das traditionelle moralische System neigt zu einfachen Denkmustern.

Das wird bereits deutlich in dem Verlangen nach einer »klaren« Ordnung und nach »eindeutigen« Regeln. Die Tatsache, daß eine Situation mehrdeutig und ein Problem vielschichtig sein kann, erzeugt offenbar eine so hohe Spannung an Unsicherheit, daß Abhilfe nur in einer systematischen Ordnung gesehen wird. Ein Verhalten, ein Wunsch, eine Vorstellung ist entweder gut oder böse, richtig oder falsch, rein oder unrein. Jede weitere Überlegung würde die Ordnung gefährden.

Ich erlebe das häufig in Gesprächen. Da kommt z. B. die Rede auf verhaltensauffällige Kinder in der Nachbarschaft und plötzlich ruft ein Gesprächsteilnehmer dazwischen: »Das kommt ja nur alles daher, weil die Frauen heute unbedingt berufstätig sein wollen.« Im Nu sind sich alle einig, daß der Wunsch der Frauen, einen Beruf auszuüben, ein Übel unserer Zeit ist, Ausdruck eines egoistischen Dranges nach Selbstverwirklichung. Weder der Einwand, daß ein Beruf Spaß machen kann, noch der Hinweis auf die Realität des Hausfrauen- und Mutterdaseins, noch die Frage nach der Berechtigung von Rollenbildern (der berufstätige, Geld verdienende Mann und die für die Atmosphäre im Haus sorgende Frau) wurden akzeptiert. Denn eine einfache Erklärung erlaubt eine einfache Beurteilung und vermittelt damit Sicherheit. Ein Problem dagegen von verschiedenen Seiten zu betrachten, macht unsicher, weil es dadurch seine Eindeutigkeit verliert.

Komplexe Phänomene werden deshalb auf einfache Muster reduziert. Die Vereinfachung ermöglicht dann ein eindeutiges Urteil. Als Papst Johannes Paul II. bei seinem Besuch in der Bundesrepublik als Problem ansprach, daß so viele junge Menschen ohne Trauschein zusammenleben, da meinte er: »Man kann nicht auf Probe sterben, also kann man auch nicht auf Probe lieben.«[33] Abgesehen davon, daß eine so einfache »Beweisführung« wenig überzeugend wirkt, wird diese Einschätzung auch der Vielschichtigkeit des angesprochenen Problems nicht gerecht. Dem Zusammenleben ohne Trauschein wird generell ein befristeter Probestatus unterstellt. Weder die Verdrossenheit gegenüber allem Institutionellen noch die bindungswillige Ernsthaftigkeit vieler Partnerschaften, noch die Tatsache, daß heute zwischen Geschlechtsreife und Abschluß der Berufsausbildung eine lange Zeitspanne liegt, werden als andere Deutungsmöglichkeiten in den Blick genommen. Der unterstellten Bindungsangst und -unlust kann man auf solche Weise nicht beikommen. Solche einfachen Denkmuster sind allerdings vielen willkommen, weil sie eine ernsthafte Auseinandersetzung mit den Phänomenen ersparen. Diese würde ja Offenheit, Lern- und Veränderungsbereitschaft voraussetzen und damit das System gefährden.

Solche einfachen Denkmuster und Vereinfachungen von Problemen kennzeichnen weithin die traditionelle Moral. Ein weiteres Beispiel dafür ist die Beurteilung der hohen Scheidungsrate. Für diese Entwicklung wird ein ehe- und familienfeindlicher Egoismus verantwortlich gemacht, der einzig darauf aus sei, das Leben zu genießen[34]. Auch hier wird nicht berücksichtigt, daß es für Ehescheidungen sehr viele Gründe gibt, unter denen auch positiv zu wertende sind, wie z. B. das erstarkende Selbstbewußtsein der Frauen. Würde man anerkennen, daß die steigende Quote an Ehescheidungen ein mehrdeutiges Phänomen ist, daß sie also auf unterschiedliche, positive und negative Ursachen zurückzuführen ist, dann könnte es keine pauschale und eindeutige Be- und Verurteilung dieser Entwicklung geben. Hier wie so oft würden differenzierteres Denken und Urteilen den Absolutheitsanspruch der traditionellen Moral ins Wanken bringen.

Die geringe Toleranz für Mehrdeutigkeit bedeutet auch ein mangelndes Gespür für die tragische Dimension von Schuld. Da einfache Denkmuster bevorzugt werden, und in diesem Rahmen das Böse immer auf die konkrete Person und deren »bösen Willen« zurückgeführt wird, übersieht das traditionelle moralische System, daß es auch Böses und Schuld als schicksalhafte Unheilsmacht und als Folge von Verstrickungen geben kann. Das Wollen und Tun des Guten scheitert eben oft an Gesetzmäßigkeiten, die im Wesen des Betroffenen, in den Notwendigkeiten der Geschehnisse und in Zusammenhängen begründet sind, die der einzelne nicht verursacht hat; sie zwingen ihn aber regelrecht, das Böse zu tun, das er doch gar nicht tun will, da z. B. das Gute nur durch das Böse gewährleistet zu sein scheint. So erzählte mir eine Frau unter Tränen, daß ihr Mann herzensgut sei und sich sehr liebevoll um sie bemühe. Leider aber sei er seit vielen Jahren impotent, während sie ein großes Bedürfnis nach Zärtlichkeit und geschlechtlicher Vereinigung verspüre. Weder Einzeltherapie noch gemeinsame Beratungen hatten die Impotenz beheben können. Beide liebten einander auch weiterhin und wollten die Ehe fortsetzen, nicht zuletzt auch um der Kinder willen, die im übrigen ja ein harmonisches Familienleben erführen. In ihrer Not hatte die Frau hin und wieder eine außereheliche Beziehung aufgenommen. Die Leidenschaft und Zärtlichkeit, die Bestätigung als Frau, die sie in diesen Begegnungen erlebte, gaben ihr die Kraft, die Ehe nicht nur auszuhalten, sondern sie mit voller Bejahung fortzusetzen und zu beiderseitiger Zufriedenheit zu gestalten.

Den einfachen Denkmustern und dem hohen Bedarf nach systematischer Ordnung entspricht ein doppelter »Richtgeist«. Zum einen ist diese Sichtweise ständig darauf aus, zu unterscheiden und in Gut und Böse aufzuteilen, um für sich selbst einen sicheren Orientierungsrahmen zu finden. Wir kennen das als »Schubladendenken«. Zum anderen ist die gleiche Sichtweise auch darauf aus, ständig die anderen Personen und deren Verhalten zu bewerten und zumeist zu verurteilen. Die geringe bis kaum vorhandene Toleranz für Mehrdeutigkeit wirkt sich auch dahingehend aus, daß niemals zwei unterschiedliche Verhaltensweisen als gleichberechtigt nebeneinander in dem Sinne gelten können, daß das eine Verhalten für mich, das andere Verhalten für dich das richtige sei. Der »Richtgeist« kann nur das eigene Verhalten als gut ansehen, während er das davon abweichende Verhalten anderer als böse verurteilen muß – fast immer unter Berufung auf unantastbare Ordnungen, die garantiert sein müssen. So kommen natürlich kein Lernen, keine neuen Sichtweisen zustande, sondern nur die immer gleiche Wiederholung bekannter Urteile, Verhaltensweisen und Lösungswege.

So erweist sich die traditionelle Moral letztlich als ein überaus starres System, das weder dem konkreten Menschen noch der jeweiligen Situation gerecht wird, da Sichtweisen innerhalb dieses Systems erheblich eingeschränkt und Lern- und Anpassungsfähigkeit äußerst gering sind. Solange ein Mensch nicht völlig angepaßt – und damit zugrunde gerichtet – ist, wird er diese Moral als etwas Aufgezwungenes, ihm nicht Entsprechendes empfinden, deren Befolgung ihm als Last erscheint und ihn zu einem ständigen Kampf gegen sich selbst zwingt.

15 Um das Gute wissen

Das traditionelle moralische System fixiert den Menschen auf die kindliche Erlebnisweise von Schuld. Denn seine autoritäre Grundstruktur verhindert eine Entwicklung zur Selbstbestimmung und eigenen Urteilsfindung. Statt dessen übernehmen institutionalisierte Autoritäten wie z. B. Staat und Kirche die Rolle der Eltern, indem sie verbindlich vorgeben, was zu tun und zu lassen sei. Zwar wird die Orientierung an den Vorschriften mehr und mehr von der unmittelbaren Gegenwart der Autoritäten unabhängig, aber durch die Übernahme und Verinnerlichung der Vorschriften werden die Autoritäten zu einem Teil des Menschen. »Man fühlt sich nicht mehr verantwortlich gegenüber etwas, das außerhalb liegt, sondern gegenüber etwas, das in einem selbst ist: gegenüber seinem Gewissen.«[35] Dennoch bleiben es Fremdbestimmungen, da die Inhalte dieses moralischen Gewissens nicht durch eigene Werturteile bestimmt werden. So ist es nicht verwunderlich, daß Schuld im traditionellen Sinn in erster Linie als Ungehorsam verstanden wird. Schuld ist die Mißachtung verbindlicher Regeln, das Übertreten von Geboten und Verboten. Dabei ist völlig uninteressant, ob die Vorschriften sinnvoll oder unsinnig sind. Darüber nachzudenken, würde ja bereits die Autorität der Autoritäten in Frage stellen; würde nach einem eigenen Urteil gesucht. Es ist ebenso uninteressant, ob durch das Verhalten der eigenen Person oder anderen Personen gegenüber ein Schaden entsteht. Entscheidend für den Schuldspruch ist einzig und allein die Tatsache, daß von einer Autorität verbindlich festgelegte Regeln verletzt wurden. Schuld ist Ungehorsam gegenüber der äußeren oder inneren Autorität.

Nehmen wir ein Beispiel aus der kirchlichen Sexualmoral. Nach der Weisung der Kirche ist die volle geschlechtliche Vereinigung ausschließlich in der Ehe erlaubt, außerehelicher Geschlechtsverkehr ist Sünde, ist Schuld. »Ein Gang durch Jahrhunderte katholischer Moraltheologie zeigt, daß an der Sündhaftigkeit jedes außerehelichen Geschlechtsverkehrs unbeirrt festgehalten wurde, daß aber die Argumente wechselten, was zeigt, daß man an ihrer Beweislast schwer trug.«[36] Fragen nach dem Sinn oder Unsinn dieses Verbotes müßten Fragen nach dem Wesen der Sexualität und nach Kriterien menschenwürdiger Sexualität umfassen. Ein Blick in kirchenamtliche Dokumente zeigt, daß mit dem Sexualleben in der Ehe vielfach überhöhte Ansprüche und unrealistische Erwartungen verbunden werden. Dabei fehlt jeder Beweis dafür, daß dem Geschlechtsakt ein so eindeutiger und einseitiger, auf die Ehe bezogener Sinngehalt zukommt. Auch wirkt die Frage nach dem Schaden, der den Betroffenen entsteht, befremdlich, wenn der Geschlechtsakt von Zärtlichkeit, Erotik und gegenseitiger Achtung bestimmt ist. So kann ein von beiden Partnern gewollter und von beiden als beglückend erlebter Geschlechtsakt eine überaus wertvolle Begegnung und Erfahrung und zugleich eine schwere Schuld sein, weil ein von der Autorität festgelegtes Verbot übertreten wurde.

Dies nenne ich ein *materialistisches Schuldverständnis*, weil Schuld weder an den Absichten noch an den Auswirkungen eines Verhaltens gemessen wird, sondern einzig und allein an der Materie, am buchstäblichen Inhalt der Regel. Ein Schuldverständnis, das Schuld als Regelverstoß und Ungehorsam begreift, ist autoritär und materialistisch.

Für das traditionelle moralische System ist unabdingbare Voraussetzung die Überzeugung, daß ein Mensch frei ist, gerade dann, wenn er böse handelt. Denn sonst könnte es ihn für sein Handeln nicht verantwortlich machen. So kommt zu der Wertung »Ungehorsam« noch die Unterstellung einer bösen Absicht, eines bösen Willens dazu. »Das Kind will mich bewußt provozieren«, sagt die Mutter von ihrem fünfjährigen Sohn, der erneut in die Hose macht, weil seine Psyche keinen anderen Weg fand, um auf eine akute Überforderung aufmerksam zu machen. »Das Böse ist der aus freien Stücken gewollte Gegensatz zum erkannten Guten«, sagt die traditionelle Moral. Doch so kann nur eine Autorität sprechen, die sich in ihrer Bedeutung durch Ungehorsam erheblich verunsichert fühlt. Ich kenne jedenfalls keinen Menschen, der in diesem Sinne Böses tut. »Auch in den scheinbar rein negativen Regungen, im Haß, in der Rachsucht, in der Grausamkeit und Schadenfreude will der Mensch etwas Positives... Das Böse ist immer scheinbar glücksfördernd – sonst würde es nicht getan.«[37] Doch dies kann der rationalistische Ansatz, der nur logisch und rational versteht, aber nicht psychologisch, nicht akzeptieren.

Nehmen wir z. B. die zunehmende Zerstörungswut unter Jugendlichen, die U-Bahnstationen, Telefonhäuschen, Schulen und Jugendheime demolieren. Selbstverständlich wissen sie, daß sie das nicht tun dürfen. Dennoch verstehen sie ihr Tun nicht als Unrecht, sondern als berechtigte Gegenwehr gegen ein feindliches System, das ihnen Lebensmöglichkeiten und Zukunftschancen vorenthält. Hinzu kommt, daß ihnen infolge häufig instabiler Familienverhältnisse eine geeignete Person fehlte, mit deren Wertsystem und sinnvollen Problemlösungsstrategien sie sich hätten identifizieren können. So haben sie keinen Persönlichkeitsanteil entwickelt, der ihnen eine wirksame Kontrolle ihres Verhaltens ermöglichte. Die Gewalttätigkeit dieser Jugendlichen ist der unbewußte Versuch, durch das Ausüben von Macht die Selbstachtung zurückzugewinnen, die durch die Ohnmacht ihrer Verhältnisse verlorengegangen ist. Die Entwicklung zur Gewalttätigkeit ist ein kompliziertes Ineinander der verschiedensten Motive, Gefühle und Absichten, aber nicht das bewußt gewollte Nein zum klar erkannten Guten.

Doch für das traditionelle moralische System ist es notwendig, jedes Handeln als bewußte, freie und darum anrechenbare Willensentscheidung zu werten. Schuld ist darum in dieser Sichtweise nicht nur Ungehorsam und Regelverstoß, sondern freie und bewußt gewollte Entscheidung gegen das Gute.

»Der böse Wille setzt also selbstherrlich das Gute, verneint das vorgegebene Gute, zerstört oder verzerrt es und handelt

74

so zutiefst unsachlich, egoistisch.«[38] Selbstherrlich und egoistisch, das seien die Kennzeichen des bösen Willens. Der
Wunsch nach Selbstbestimmung und das Wahrnehmen eigener Interessen wird so grundsätzlich für übel erklärt. Eigenwilligkeit, die sich dem Wollen anderer entzieht, ist Böswillig-
keit – wir spüren das Interesse an Machtausübung, das hinter
einer solchen Wertung steckt. Eigenwilligkeit, ein eigener
Wille ist in der Tat revolutionär, da er sich gegen Fremdbestimmung auflehnt und damit das autoritäre Gefüge zum
Zusammenbruch bringen kann. Auch anhand solcher Bewertungen können wir erkennen, daß das traditionelle moralische System den Menschen in einer infantilen, d. h. der
frühkindlichen Entwicklung entsprechenden Abhängigkeit
halten will.

Der Fixierung auf infantiles Schulderleben entspricht der
Umgang mit erwiesener, d. h. festgestellter Schuld. Entscheidend für den Umgang mit Schuld sind die Fragen, warum
ein Mensch so handelt, wie er handelt, und was dementsprechend nötig wäre, damit er anders handelt. Für das traditionelle moralische System ist die Sache einfach. Eine mögliche
Erklärung ist: Ein Mensch handelt böse, weil er es nicht
besser weiß; damit er anders handeln kann, muß man ihm
daher das Gute beibringen. So setzt der rationalistische Ansatz vor allem auf die Vermittlung von *moralischem Wissen*.
Diesen Ansatz kann man sehr gut in der herkömmlichen
Beichtvorbereitung der Kinder in der katholischen Kirche
beobachten. Zwar werden heute nicht mehr einfach die Zehn
Gebote gepaukt, sondern mit Hilfe an Lernzielen orientier-
ter Unterrichtsmaterialien Alltagskonflikte durchdacht.
Aber es bleibt nach wie vor Methode, gewünschte Verhaltensweisen zu benennen und rational einsichtig zu machen
mit dem Ziel, die Kinder zu einer Übernahme dieser Verhaltensweisen zu bewegen. Doch das Ergebnis ist enttäuschend.
Das Kind kann zwar durch diese Vorbereitung z. B. einsichtig
erklären und auch bejahen, daß man Konflikte nicht durch
Gewalt lösen soll und kann – aber es kann durchaus gleichzeitig seinem Tischnachbarn das Lineal aufs Haupt schlagen,

weil dieser versehentlich an seinen Stuhl gestoßen hat. Das Kind wird sich deswegen nicht einmal schlecht fühlen, allenfalls unbehaglich, weil es von der Gruppenleiterin kritisiert wird. Es wird sich vermutlich sogar gut fühlen, weil es seine aufsteigenden Aggressionen unmittelbar ausgetragen und sein Revier verteidigt hat.

Der rationalistische Ansatz übersieht nämlich, daß moralisches Wissen ohne Wirkung bleibt, wenn es nicht durch eine gefühlvolle und stabile Beziehung zu einer geliebten und geachteten Person in der eigenen Person verankert wird. Zudem muß ein genügend hoch entwickelter Persönlichkeitsanteil zur Verfügung stehen, der eine wirksame Verhaltenskontrolle ermöglicht.

Die zweite Erklärung des traditionellen moralischen Systems ist: Ein Mensch handelt böse wider besseres Wissen; damit er also in Zukunft anders handelt, muß er mit disziplinarischen Maßnahmen erzogen werden. So spielen Belohnung und Bestrafung in diesem System eine große Rolle. Selbst eine so moderne Erscheinung wie die Verhaltenstherapie arbeitet mit dieser Methode. Im Grunde wird so die Angst vor Verwerfung ausgebeutet. »Ein gutes Gewissen ist das Bewußtsein, der (äußeren und nach innen verlegten) Autorität zu gefallen; ein schlechtes Gewissen, ihr zu mißfallen. Das gute (autoritäre) Gewissen ruft ein Gefühl des Wohlbehagens und der Sicherheit hervor, denn es bedeutet die Zustimmung seitens der Autorität und eine nähere Verbindung zu ihr. Das schlechte Gewissen ruft Furcht und Unsicherheit hervor, weil ein Handeln gegen den Willen der Autorität die Gefahr einschließt, bestraft oder – was weit schlimmer ist – von der Autorität verlassen zu werden.«[39]

So ist das Schuldigerklärtwerden ein überaus demütigendes und ängstigendes Erlebnis. Demütigend ist es, weil es einer Entlarvung gleichkommt, die die eigene Nichtigkeit, Mangelhaftigkeit und Lächerlichkeit bloßstellt. Ängstigend ist es, weil das Nicht-für-gut-befunden-Werden dem Verlust der Liebe und der Verwerfung gleichkommt. Demütigend ist darüber hinaus, daß die Akzeptanz nur durch Selbster-

niedrigung (denn so wirkt ein Schuldbekenntnis im autoritä-
ren Beziehungsmuster) und durch Buße (Leistung also) wie-
derzuerlangen ist. Bei derartigen Erfahrungen, die sich von
der Kindheit bis ins Erwachsenenalter durchhalten, brauchen wir uns nicht zu wundern, daß Menschen sich schwer
tun, Fehler zuzugeben. Denn dies bedeutet jedesmal neu die
Wiederauflage des demütigenden Gefühls, nicht in Ordnung zu sein, und der Angst, deswegen abgelehnt zu werden.
Das läßt auch in hohem Maße den »Richtgeist« verstehen,
der darauf beharren muß, selbst o. k. zu sein und den anderen für nicht-o. k. zu erklären.

16 Selbstbekämpfung und Selbst-
täuschung

Dem Schuldverständnis des traditionellen moralischen Systems ist eine problematische Ausgrenzung des Bösen zu
eigen. Denn es interpretiert Schuld als Folge einer freien und
bewußten Willensentscheidung für das Böse, der es mit
Wissensvermittlung und disziplinarischen Maßnahmen ent-
gegenzuwirken versucht. Das Böse erscheint so als eine aus
dem freien Willen geborene Sache, gegen die man mit dem
gleichen freien Willen ankämpfen kann und muß. »Die
›Verneinung des Negativen‹, seine gewalttätige und systema-
tische Ausschließung ist der Grundzug dieser Ethik.«[40] Die
Folgen eines derartigen Schuldverständnisses sind schwer-
wiegend.

Zum infantilen Grundzug dieses Schulderlebens gehört ja
die Erfahrung, den Wunschvorstellungen und verbindlichen Erwartungen der äußeren (Eltern, öffentliche Meinung, Staat, Kirche) oder inneren (Gewissen) Autorität nicht
zu entsprechen und dadurch die Anerkennung und Liebe
der Autorität zu riskieren. Es ist die Erfahrung, verwerflich
zu handeln und dafür verworfen zu werden. Zugleich gehört zu diesem Schulderleben die Erfahrung, durch erwar-
tungsgemäßes Wohlverhalten die Anerkennung zurückge-
winnen und erhalten zu können. Dieser Grundzug des
Schulderlebens und die Rückführung auf den freien Willen
führen zu einer ständigen Selbstbekämpfung, die die regel-
widrigen Neigungen, Vorstellungen, Gefühle und Verhaltensweisen unter Aufbietung aller Kräfte zu unterdrücken
sucht. Verbietet z. B. der Moralkodex das Ausleben von
Aggressionen (Angreifen, Wehren, Lautwerden, Schlagen
etc.), dann versucht der so Belehrte zwar, es nicht zu solchen
Handlungen kommen zu lassen – dies wird ihm aber nicht
immer gelingen. Schon gar nicht gelingt es ihm, die auslösen-

den Gefühle wie Ärger und Wut aus seinem Empfinden zu verbannen. Statt dessen wird er Gefühle des Versagens und der Schuld empfinden, die mehr und mehr zu einer negativen Selbsteinschätzung führen: ich bin schlecht, ich mag mich nicht.

Das negative Selbstbild einschließlich des Verlustes der Selbstliebe gehört zu den schlimmsten Folgen des traditionellen Schuldverständnisses. Denn damit ist auch im eigenen Bewußtsein Akzeptanz und Daseinsberechtigung in Frage gestellt. In der Depression findet eine derartige Entwicklung eine neurotische Lösung, die oft genug zur Selbstzerstörung (Selbstmord, Magersucht, Alkoholismus) führt. Das Versagen stellt nicht die Erwartung der Moral und auch nicht die Theorie des freien Willens in Frage, sondern den Wert der eigenen Person – so wirksam ist die traditionelle Moral. So habe ich schon oft erlebt, daß Menschen geradezu darauf beharrten, schlecht zu sein, anstatt sich einem anderen Verständnis ihrer problematischen Verhaltensweisen zu öffnen. Die Selbstbekämpfung, die Versagenserlebnisse, die daraus folgende Selbstablehnung und noch heftigere Selbstbekämpfung führen auf diese Weise zu einem lebenslangen Teufelskreis. – Es sei denn, es kommt zur Verdrängung.

Denn die mißlingende Bekämpfung unerwünschter Anteile, die daraus erwachsenden Schuldgefühle und Aggressionen gegen die eigene Person können in einem komplizierten Prozeß zur *Verdrängung* der unerwünschten Persönlichkeitsanteile führen. Sie sind dann zwar noch vorhanden, aber vom Bewußtsein abgekoppelt. Das Ich weiß nichts mehr von ihrem Vorhandensein, sie sind unbewußt. Dies bedeutet allerdings gerade nicht, daß sie erledigt wären, sie sind vielmehr aus dem Unbewußten heraus höchst wirksam.

So kam einmal eine junge, gerade achtzehnjährige Frau zu mir in die Behandlung wegen eines juckenden Ekzems im Unterleibsbereich, für das es keine organische Erklärung gab. Sie entstammte einem streng katholischen Elternhaus, in dem Sexualität tabuisiert und allein der Ehe vorbehalten war. In den Gesprächen stellte sich heraus, daß diese junge

Frau sich vor einiger Zeit verliebt hatte und in der sich ergebenden Freundschaft zu einem jungen Mann den Wunsch nach sexuellen Kontakten und geschlechtlicher Vereinigung empfand. Doch dieser Wunsch war ihrem Gewissen, der Verinnerlichung des elterlichen Moralkodex, nicht annehmbar. So hatte sie sich bemüht, dieses Verlangen zu unterdrücken. Das war ihr natürlich nicht gelungen. Schließlich hatte sie in dem Konflikt zwischen Trieb und Moral begonnen, sich selbst zu befriedigen. Doch auch dies stand in totalem Gegensatz zur verinnerlichten Moral. Da das Mädchen keine genügend starke Persönlichkeit besaß, eine eigenständige Lösung zu entwickeln, löste seine Psyche diesen Konflikt, indem sie die unerlaubten sexuellen Wünsche verdrängte und statt dessen das juckende Ekzem im Unterleib entwickelte. Jetzt konnte die junge Frau »erlaubterweise« an ihrem Unterleib reiben, ohne daß sie sich noch der sexuellen Ursprünge ihres Verhaltens bewußt gewesen wäre.

Die Vorstellung, daß dem Bösen durch Selbstbekämpfung beizukommen sei, erweist sich als Illusion. Die traditionelle Moral nimmt an, die »Entwicklung (zur Sittlichkeit) bestehe darin, daß die bösen Neigungen des Menschen in ihm ausgerottet und unter dem Einfluß von Erziehung und Kulturumgebung durch Neigungen zum Guten ersetzt werden. ...In Wirklichkeit gibt es keine ›Ausrottung‹ des Bösen.«[41] Die »alte« Ethik erweist sich als unfähig, den Menschen menschlicher zu machen, denn weder die Unterdrückung noch die Verdrängung im Zuge der Selbstbekämpfung können die Konflikte zwischen Trieb und Moral oder zwischen Eigeninteressen und den Interessen der Gesellschaft lösen. So kann keine reife Persönlichkeit wachsen.

Das Ergebnis der Selbstbekämpfung ist vielmehr die Entwicklung einer Scheinpersönlichkeit. Denn da die Wertvorstellungen der traditionellen Moral absolute Geltung (jederzeit und ungeschmälert) beanspruchen und die individuellen Gegebenheiten nicht berücksichtigen, besteht der wichtigste Prozeß der Entwicklung in der Anpassung an die Ideale mit Hilfe von Unterdrückung und Verdrängung. Den abgespaltenen, bekämpften Teil der Persönlichkeit bezeichnet C. G. Jung als »Schatten«, die gelungene Anpassung an die vorgegebenen Ideale als »Scheinpersönlichkeit oder Persona«. »Ein wesentlicher Teil der Erziehung wird immer der Bildung einer Persona gewidmet sein, die das Individuum ›stubenrein‹ und ›gesellschaftsfähig‹ macht und ihm beibringt nicht was ist, sondern was als wirklich angesehen werden darf, wobei der Erlernung des Nichtsehens, Übersehens und Wegsehens in jeder Gesellschaft und in jeder Zeit ein größerer Anteil gebührt, als der Schärfung des Blickes, der Entwicklung der Wachheit und der Liebe zur Wahrheit.«[42] Ein Schuldverständnis, das Schuld als Abweichen von einer vorgegebenen Norm erklärt und mit Ausgrenzung und Liebesverlust bestraft, zwingt zur Vortäuschung falscher Tatsachen, nicht im Sinne einer bewußten Lüge, sondern als Ergebnis einer mühsamen Selbstverleugnung. Eine innere Zerrissenheit ist die Folge, die darum weiß, den Forderungen nicht gewachsen zu sein, und deshalb diesen Schatten ständig unterdrücken, verdrängen und verleugnen muß. Ein erheblicher Teil der psychischen Energie geht auf diese Weise in einem aussichtslosen Kampf verloren.

Die Fixierung auf eine infantile Entwicklungsstufe und dieser Zwang zur Selbsttäuschung erklären die problematischen Umgangsweisen mit Schuld, wie ich sie eingangs geschildert habe: den Überforderungs-Versagens-Kreislauf im Schuldkomplex; die Unsicherheit hinsichtlich des Wollens und Dürfens durch die autoritäre Entmündigung; die Leugnung des Schattens im Unschuldswahn; die Projizierung des Schattens im Richtgeist und die fehlenden Strategien im Umgang mit echter Schuld.

Um so notwendiger stellt sich angesichts des nicht zu leugnenden Bösen noch einmal die Frage, warum ein Mensch so handelt, wie er handelt, und was wirklich erforderlich ist, damit er anders handeln kann.

IV
Das existentielle Schuld-
verständnis

17 Selbstverwirklichung als Lebensziel

Das traditionelle moralische System geht davon aus, daß der Mensch von Natur aus eher dem Bösen zuneigt und deshalb zum Guten erzogen werden muß. Erziehung wird dabei als Vermittlung von Sichtweisen und Verhaltensregeln verstanden. Ziel dieser Erziehung ist es, dem einzelnen einen bewährten Orientierungsrahmen zur Verfügung zu stellen, mit dessen Hilfe er seine Erfahrungen deuten und verstehen und sein Handeln bestimmen kann. Beides, die Vermittlung der Lebensweisheit wie die der Lebensweise, entpuppt sich als Versuch, den einzelnen an eine vorgegebene Ordnung anzupassen. Um es mit einem Vergleich aus der Natur zu sagen: Der heranwachsende Baum wird solange beschnitten, gebunden und zurechtgebogen, bis er in der gewünschten Form wächst. Sollte er trotz allen Bemühens anders wachsen, so wird dies als Versagen des Gärtners (Erziehers) und als böswillige Eigenwilligkeit des Baumes (Heranwachsenden) angesehen. So erlebe ich jedenfalls die Erziehungsvorstellung vieler Eltern, wenn sie darüber klagen, daß ihre Kinder sich anders entwickelt haben, als sie es sich vorstellten und wünschten. Daß diese Entwicklung vielleicht dem Wesen und dem Weg des betreffenden Kindes angemessener ist, kommt dabei nicht in den Sinn. Vielmehr machen sich diese Eltern Vorwürfe, weil sie ihr Erziehungsziel nicht geschafft haben; und den Kindern gelten Vorwürfe, weil diese sich von den elterlichen Vorstellungen entfernt haben. Es sind nicht unbedingt große Lebensplanungen seitens der Eltern (»mein Sohn soll einmal mein Geschäft übernehmen«), die so zum Problem werden. Viel öfter sind es die Versuche, bestimmte Haltungen und Gesinnungen, wie z. B. die moralische oder religiöse Einstellung, zu vermitteln. Auf dem Feld des alltäglichen Lebens spielt sich ein Erziehungskampf ab, in dem es um die Durchsetzung bestimmter Regeln geht, angefangen von der Art und Weise, wie »man« beim Essen zu sitzen hat, bis hin zur Frage, wie »man« politisch oder religiös zu denken hat.

Der heranwachsende Mensch erlebt dabei in zunehmendem Maße einen Interessenkonflikt zwischen seinen eigenen Neigungen, Wünschen und Bedürfnissen und den Erwartungen seiner Erzieher. Der Spielraum, derartige Konflikte nach eigenem Ermessen und Gutdünken zu lösen, wird relativ klein gehalten. Statt dessen will die traditionelle Erziehung den Heranwachsenden ganz auf die Weisungen der Autoritäten verpflichten, ob in der harten Tour, »solange du die Füße unter meinen Tisch stellst, wird getan, was ich hier sage«, oder in der sanften, emotionell verpflichtenden Tour, »ich will ja nur dein Bestes, hör doch endlich auf mich«. Statt dem eigenen Fühlen und Wollen soll er dem Urteil der Autoritäten (Eltern, Lehrer, Priester, Fachleute, öffentliche Meinung) trauen; statt eigene Vorstellungen und Wege zu entwickeln, soll er bewährte übernehmen. Dieses Erziehungskonzept führt zwangsläufig zur Frontenbildung mit Verwundeten und Verletzten auf beiden Seiten. Die so Erzogenen werden entweder kapitulieren und sich anpassend fügen, oder in einem endlosen Kampf mit sich selbst und ihrer Umgebung befangen bleiben; oder sie werden eines Tages in einem anstrengenden Befreiungsprozeß zu sich selbst zurückfinden wollen, zur unverwechselbaren eigenen Identität und zu einer Sicherheit, die nicht mehr im Urteil der anderen begründet ist, sondern in der Übereinstimmung mit dem eigenen Selbst.

Den Begriff des *Selbst* brachte C. G. Jung in die Psychotherapie ein. Mit ihm bezeichnet er das Zentrum der Person, von dem alle psychischen Kräfte ausgehen. Das Selbst umfaßt gleichsam alle Möglichkeiten, die in der konkreten Person grundgelegt sind. »Die Person ist ein Wesen, das viel mehr Zukunft als Vergangenheit und Gegenwart hat. Eine Person hat eine unendliche Zukunft. Die ganze Ewigkeit ist notwendig, um alle innewohnenden Kräfte zur Entfaltung zu bringen und alle Möglichkeiten zu enthüllen, die es in jedem von uns gibt.«[43] Das Selbst, das zunächst also nur reine Möglichkeit ist, soll deshalb zur Wirklichkeit werden, indem das Ich seine Hinweise beachtet und so in der Auseinandersetzung mit den Umständen, Aufgaben und Erfahrungen der konkreten Lebensgeschichte die einmalige, unverwechselbare Persönlichkeit des einzelnen herausbildet. Diese Entfaltung der individuellen Persönlichkeit, in der Möglichkeiten zu Wirklichkeiten werden können und dürfen, ist Selbst-Verwirklichung im besten und grundlegendsten Sinne. Diese Aufgabe stellt sich jedem Menschen zeit seines Lebens. Sie ist Sinn seines Lebens, noch ehe ihm irgendeine andere Sinn- oder Zweckbestimmung angetragen wird.

Wie der Same einer Pflanze keimen und sich zur individuellen Pflanze entwickeln soll, so soll auch das Selbst zur Entfaltung kommen und die individuelle Persönlichkeit entwickeln. Es ist ein Wachstumsprozeß, auf den viele Faktoren Einfluß nehmen. Das Wachstum der Pflanze ist abhängig z. B. von den Genen und der Widerstandskraft des Samens, von der Bodenbeschaffenheit und den klimatischen Verhältnissen, von fördernden und behindernden Umweltbedingungen. Das Wachstum der menschlichen Persönlichkeit ist ebenfalls abhängig von den genetisch vorgegebenen Anlagen, von der Atmosphäre und den familiären Verhältnissen in Kindheit und Jugend, von wichtigen Bezugspersonen, von fördernden und behindernden Erfahrungen der Umwelt und der Lebensgeschichte, von Ereignissen, Aufgaben und Krisen, die es zu bestehen gilt.

Dabei ist der Wachstumsprozeß dialogisch zu verstehen, denn er ist einerseits das Ergebnis eines komplizierten Zusammenwirkens von Faktoren, die in der eigenen Person begründet sind, und Faktoren, die außerhalb der eigenen Person liegen, und andererseits das Ergebnis von aktiven und reaktiven Prozessen. Die Umgebung übt Einfluß auf den Wachstumsprozeß und die heranwachsende Persönlichkeit übt Einfluß auf ihre Umgebung aus. Wie der Same einer Pflanze keinen anderen Sinn hat als zu wachsen und sich zu entfalten, so ist auch der Sinn menschlichen Lebens die prozeßhafte Selbstverwirklichung.

Eine derartige Aussage macht vielen Menschen Angst, denn mit dem Begriff der Selbstverwirklichung verbinden sie die Vorstellung eines schrankenlosen Libertinismus, in dem ein Mensch nur noch seinen Lüsten lebt, ohne nach dem Wohl der anderen zu fragen und ohne Empfinden für tiefere Dimensionen des Lebens. Mit dem Begriff des Lebenssinns verbinden sie die Vorstellung von bestimmten Zwecken, denen ihr Leben dienen soll. Selbstlosigkeit und Selbstverleugnung zugunsten einer menschheitsdienlichen Aufgabe entspricht weitaus eher diesem Konzept als die Frage nach dem eigenen Selbst und den Möglichkeiten seiner Verwirklichung. Die Beschäftigung mit sich selbst und das Interesse am eigenen Wohl gelten als moralisch minderwertig und darum als zu überwinden. Denn dies wird gleichgesetzt mit mangelndem Interesse am anderen Menschen, mit mangelndem Verständnis für ihn und mit mangelndem Verantwortungsbewußtsein.

In der Tat ist nicht zu leugnen, daß Menschen, die sich ihrer selbst bewußt werden und ihr Selbst leben, nicht mehr so einfach zu manipulieren und auszubeuten sind. In Konflikten zwischen Eigenwohl und Allgemeinwohl werden sie nicht mehr grundsätzlich die Interessen der anderen höher achten. Allerdings ist nicht zu leugnen, daß vielfach unter dem Vorzeichen »Selbstverwirklichung« der Rückzug auf sich selbst und die Flucht aus der Verantwortung betrieben wird. Aber Egozentrik, die beziehungsunfähig macht, und oberflächliche Lustorientierung treffen nicht das Wesen der Selbstverwirklichung; sie sind vielmehr Ausdruck mangelnder Selbstverwirklichung, die auf diese Weise kompensiert wird. Die Warnung vor der Selbstverwirklichung kommt fast ausschließlich von Personen und Kreisen, die ein Interesse daran haben, über uns zu verfügen. Die uns des Egoismus bezichtigen, sind lediglich erbost darüber, daß wir ihrem Egoismus nicht mehr zur Verfügung stehen.

So erzählte mir eine Frau, daß sie seit Beginn ihrer Therapie zu Hause den heftigsten Vorwürfen von seiten ihres Mannes und ihrer halberwachsenen Kinder ausgesetzt sei. Bereits die ersten zaghaften Versuche, mehr auf die eigenen Bedürfnisse zu achten, wurden von den übrigen Familienmitgliedern als empfindliche Störung ihres Versorgungsanspruchs erlebt und als egoistische Verweigerung verurteilt. Ein anderes Beispiel ist die spirituelle Bildung der Ordensangehörigen und kirchlichen Mitarbeiter. Verfügbarkeit, die keine Ansprüche stellt, und die Bereitschaft zum »Kreuztragen«, die Zumutungen duldet, sind darin wichtige Motive, die mit dem Dienst an Gott gleichgesetzt werden. Dabei dient die anspruchslose Verfügbarkeit oft der Willkür von Vorgesetzten, und die zu tragenden Kreuze entstammen zumeist nicht der Nachfolge Jesu, sondern den Werkstätten der Ordensoberen und der Personalabteilungen. Selbstverwirklichung wird häufig als Gegenteil dessen angesehen, was mit kirchlichem Dienst vereinbar ist. Eigene Vorstellungen und die Verfolgung persönlicher Ziele werden als Profilneurose und mangelnde Berufsethik diskriminiert.

Es gibt eine eindrucksvolle Übung in der bioenergetischen Psychotherapie, die dieses üble Spiel deutlich bewußtmacht. Ein Teilnehmer hockt auf dem Boden, ein anderer kniet ihm im Nacken und streichelt ihm begütigend den Kopf mit den Worten: »Du bist gut, ich finde es toll von dir, daß du mich so trägst« etc. Die Folge dieser fatalen Kombination von Unterdrückung und Lob ist, daß jeder aufkeimende Gedanke und Wunsch, die Last abzuwerfen und sich frei aufzurichten, als unguter Egoismus empfunden und verworfen wird. Auch die aufsteigende Wut ob der Unterdrückung wird wegen des gleichzeitigen Lobes nicht zugelassen, sondern im Endeffekt gegen sich selbst gerichtet in der selbstzerstörerischen Bereitschaft, sich abzuquälen und die Last weiter zu tragen: Ein erschütterndes Abbild christlichen Masochismuses, in dem die Unterdrückung aller persönlichen Wünsche und Interessen als Erfolg des Glaubens gefeiert wird, während jeder Wunsch nach Veränderung und Befreiung als schädlicher und schändlicher Egoismus gebrandmarkt wird.

Eine andere Diskriminierung der Selbstverwirklichung unterstellt, einem von ihr infizierten Menschen gehe es ausschließlich um den für ihn bequemsten Weg, er tue nur noch das, was ihm Lust bereite, und vermeide alles, was Unlustgefühle hervorruft. – Dem ist nicht so: »Der Weg der Selbstverwirklichung ist ein steiler und schmaler Weg, der uns fordert. Er ist ein schmerzlicher Weg der Läuterung, der Krise, des Versagens und Wiederbeginns. Er ist ein Weg durch Tod und Auferstehung.«[44] Wer beginnt, nach dem eigenen Selbst zu fragen und nach den Veränderungen, die notwendig sind, um in größerer Übereinstimmung mit dem Selbst zu leben, dem geht es an die Substanz. Die Märchen, in denen sich die Erfahrungen des Selbstwerdungsprozesses symbolisch verdichtet haben, zeigen dies deutlich. Der Held, der loszieht, um sein Glück zu machen, um den verborgenen Schatz zu finden oder die verwunschene Jungfrau zu erlösen, hätte es zu Hause im gewohnten Alltagstrott bequemer. So aber beginnt für ihn ein entbehrungsreicher Weg mit vielen Schwierigkeiten und Aufgaben, die das Letzte von ihm, die ihn selbst fordern. Dieser Weg verändert ihn schließlich, denn es ist der Weg zur eigenen Identität, auf dem er ungeahnte und ungelebte Anteile an sich selbst entdeckt, neue Fähigkeiten und Qualitäten entwickelt und an Schätzen, Erfahrungen reich wird, von denen er wirklich leben, mit anderen leben kann. Es ist der Weg vom Oberflächlichen zur Tiefe, vom Nebensächlichen zum Zentralen, vom uneigentlichen Leben zur Treue zu sich selbst[45].

Selbstverwirklichung ist daher kein exzentrisches Hobby privilegierter Kreise, sondern die Lebensaufgabe schlechthin. Selbstverwirklichung heißt für mich, dem eigenen Wesen und der eigenen Berufung auf die Spur zu kommen, um dieser Berufung treu zu werden und zu bleiben. Diese Berufung, die jenseits aller Funktionalisierung und Verzweckung meines Lebens liegt und daher nicht erschöpfend in einer Aufgabe oder in einem Auftrag definiert werden kann, besteht darin, daß ich mir selber aufgetragen bin:

Werde, der du bist, um in deinem ganzen Denken, Fühlen, Reden und Handeln du selbst zu sein.

Es ist daher wichtig, immer wieder »warum« zu fragen. Warum fühle ich jetzt so, warum reagiere ich so, warum denke ich so, warum handele ich so? Denn je mehr ich mir der Beweggründe (und das sind ja nicht nur die bewußten Absichten) meines Erlebens und Verhaltens bewußt werde, desto besser kann ich unterscheiden, was wirklich zu mir gehört und mir gemäß ist, und was Konventionen, Erwartungen, Ängsten und Zwängen entspricht, die mich daran hindern, mich spontan und echt auszudrücken und mein Leben individuell zu gestalten. In dieser größeren Sicherheit hinsichtlich des eigenen Fühlens und Wollens kann ich mich selbst entdecken und entwickeln.

Eine der befreiendsten Erfahrungen ist dabei, daß es neben dem moralischen Gewissen, der verinnerlichten Sammlung aller Vorschriften und Erwartungen, noch ein anderes Leitsystem gibt, eine unendlich weise und liebevolle Führung: das *existentielle Gewissen*, die »innere Stimme« (E. Neumann), das »humanistische Gewissen« (E. Fromm). »Das humanistische Gewissen ist nicht die nach innen verlegte Stimme einer Autorität, der wir gefallen wollen und der zu mißfallen wir fürchten; es ist die eigene Stimme, die in jedem Menschen spricht und die von keiner äußeren Strafe und Belohnung abhängt. . . . Handlungen, Gedanken und Gefühle, die ein richtiges Funktionieren und die Entfaltung unserer Gesamtpersönlichkeit fördern, rufen ein Gefühl der inneren Zustimmung, der Richtigkeit hervor. Das charakterisiert das humanistische ›gute Gewissen‹. Andererseits rufen Handlungen, Gedanken und Gefühle, die für unsere Gesamtpersönlichkeit schädlich sind, ein Gefühl der inneren Unruhe und des Unbehagens hervor. Das charakterisiert das ›schlechte Gewissen‹. Gewissen ist also die Re-Aktion unseres Selbst auf uns selbst. Es ist die Stimme unseres wahren Ich, die uns mahnt, produktiv zu leben und uns voll und harmonisch zu entwickeln – das heißt, zu dem zu werden, was wir nach unseren Möglichkeiten sein könnten. Es ist der Wächter

90

unserer Integrität . . . die Stimme unserer liebenden Besorgt-
heit um uns selbst . . .«[46] Im Grimm'schen Märchen »Der gol-
dene Vogel« (KHM 57) ist dieses existentielle Gewissen im
Symbol des sprechenden Fuchses verkörpert, der sich als
treuer und zuverlässiger Begleiter des Helden auf seinem
Abenteuerweg erweist und immer wieder ganz entscheidende
Hinweise gibt, deren Befolgen den Helden weiterbringt und
deren Mißachtung ihn zurückwirft. Es ist ein sehr tröstlicher
Zug des Märchens, daß dieser Begleiter den Menschen nie im
Stich läßt und keinen Fehler und keine Mißachtung übel-
nimmt, also nie mit Strafe und Liebesentzug arbeitet, sondern voller Wohlwollen und Geduld am Gelingen des Weges
und damit an der Reifung der Persönlichkeit interessiert ist.

Diese Stimme ist weder der Klugheit des Verstandes noch
der Weisheit der Gefühle gleichzusetzen, sie ist vielmehr wie
ein ordnendes Zentrum auf das Zusammenwirken aller
Kräfte eines Menschen aus, auf die Integration von bewußt
und unbewußt, von Kopf und Herz, von Licht und Schatten,
von Machen und Empfangen. Sie ist ein ständiger kreativer
Impuls, der die Selbstwerdung zum Ziel hat. Allerdings ist
diese Stimme nicht einfach wahrzunehmen. Mitunter verbirgt sie sich in einer ständig wiederkehrenden Migräne oder
einer unbestimmten Unruhe und Unlust, die anders gedeu-
tet werden können, eigentlich aber Hinweise auf verletzte
Lebensprinzipien sind. Je mehr nun ein Mensch seiner selbst
bewußt wird, je mehr er sich auch die Tiefenschichten der
eigenen Person erschließt, desto deutlicher wird er die
Stimme seines existentiellen Gewissens vernehmen, die ihn
einlädt, ganz und heil, er selbst zu werden. Entscheidend,
und damit von anderen Lebensentwürfen unterscheidend,
ist, daß das existentielle Gewissen nicht zur Unterwerfung
zwingt, nicht zur Anpassung an eine vorgegebene Ordnung
drängt, sondern zur Führung eines in jeder Hinsicht eigenen
Lebens lockt und ermächtigt.

Erich Fromm nennt dies eine »produktive« Lebensweise.
»Produktivität ist die Geschicklichkeit des Menschen, seine
Fähigkeiten zu gebrauchen und die in ihm schlummernden

Möglichkeiten zu verwirklichen. Wenn wir sagen, er muß seine Fähigkeiten gebrauchen, so heißt dies, daß er frei sein und von niemandem abhängen darf, der ihn und seine Fähigkeiten beherrscht. Es bedeutet ferner, daß er von Vernunft geleitet ist, da er seine Fähigkeiten nur dann verwerten kann, wenn er weiß, worin sie bestehen, wie sie gebraucht werden müssen und wofür sie dienen sollen. Produktivität bedeutet, daß der Mensch sich selbst als Verkörperung seiner Fähigkeiten und als Handelnder erlebt; daß er eins mit seinen Fähigkeiten ist und daß sie nicht vor ihm verborgen und ihm entfremdet sind.«[47] Eine derartige Lebensweise legt kein neues Leistungsideal vor, das zu Aktivismus und vorzeigbaren Ergebnissen drängt. Sie meint vielmehr einen schöpferischen Umgang mit dem eigenen Leben: Der Mensch erlebt sich nicht mehr als Erfüller von Handlungsanweisungen und als von Ängsten und Zwängen Getriebener, der etwas tun oder sein *muß*, sondern als Persönlichkeit, die im Denken, Fühlen und Handeln sich selbst ausdrückt, also etwas tun und sein *kann*.

Es ist beinahe selbstverständlich, daß eine solche Lebensweise nur von Liebe zu sich selbst getragen sein kann. Doch auch dies gilt der traditionellen Moral als ungehörig, denn es wird mit Selbstsucht und der Unfähigkeit, andere zu lieben, gleichgesetzt. Es sind ungeschriebene, aber höchst wirksame Gesetze, daß niemand sich selbst gut finden und wichtig nehmen darf. Das zeigt sich unter anderem auch darin, daß Menschen Lob verlegen abwehren und einschränken. »Du darfst dich selbst nicht für in Ordnung halten, darfst dich nicht lieben, nicht das tun und empfinden, was *du* willst; kämpfe gegen dich an, unterwirf dich dem, was wichtiger und größer ist als du« – sind Untertöne der traditionellen, verunsichernden Erziehung gegen »Egoismus« und »Selbstsucht«. Sie will nützliche Glieder der Gesellschaft heranbilden, d. h. Menschen, die leicht manipulierbar und ausnützbar sind.

Der Weg der Selbstverwirklichung jedoch erfordert, daß ein Mensch sein eigenes Glück, seine Entfaltung und Freiheit bejaht, und darum nicht nur Respekt vor dem hat, was in der eigenen Person leben will, sondern auch Liebe, Fürsorge und Verständnis im Umgang mit sich selbst entwickelt. Das läuft keineswegs der Liebe zu anderen Menschen und der Fürsorge für sie entgegen. Denn gerade der, der den eigenen Prozeß der Selbstwerdung und damit sein Recht auf Glück bejaht, kann das Gleiche auch für andere bejahen und bei ihnen unterstützen. Die Fähigkeit, andere zu lieben und deren Eigenart zu bejahen, muß als Ergebnis zunehmender Selbstverwirklichung begriffen werden und nicht als deren Alternative. Denn die Selbstsucht ist wie andere Formen der Beziehungsunfähigkeit Ausdruck mangelnder Selbstliebe und Selbstentwicklung. Den Sinn des Lebens in der Selbstverwirklichung zu sehen, führt daher nicht zum rücksichtslosen Egoismus, sondern zur Entwicklung und Reifung der Persönlichkeit, die in einem verständnisvollen Realismus zur Selbst- und Nächstenliebe fähig wird.

18 Schuld als Irrtum

Die einfachste, weil grundlegendste Antwort auf die Frage, warum ein Mensch so handelt, wie er handelt, ist: Er will glücklich werden. Sigmund Freud meint: »Wir wenden uns darum der anspruchsloseren Frage zu, was die Menschen selbst durch ihr Verhalten als Zweck und Absicht ihres Lebens erkennen lassen, was sie vom Leben fordern, in ihm erreichen wollen. Die Antwort darauf ist kaum zu verfehlen; sie streben nach dem Glück, sie wollen glücklich werden und bleiben.«[48] Diese Antwort erklärt nicht konkrete Handlungsweisen, aber sie benennt das Ziel, dem sie alle dienen. Bei manchen mag uns das unmittelbar einleuchten, bei anderen nicht. Aber selbst Handlungsweisen, die im Endeffekt einen Menschen kaputtmachen, dienen genau betrachtet diesem Ziel.

Der Alkoholismus z. B., eine Form der langsamen Selbstzerstörung, ist Ausdruck des Verlangens nach Glück, denn er hilft scheinbar, eine unerträgliche Situation erträglicher zu machen oder nagende Schuldgefühle und Selbstzweifel zuzuschütten. Er erweckt außerdem die Illusion, im Alkohol ein stets griffbereites Unterpfand des Glücks zur Hand zu haben. Mit Distanz von außen betrachet, wird dieser fatale Irrtum den Menschen zugrunde richten. Für den Betroffenen aber ist Alkohol der einzige Weg zum Glück, und nicht einmal die unvermeidliche Ernüchterung läßt ihn den Irrtum erkennen. Die aberwitzige Angst, mit dem Verzicht auf Alkohol auf den letzten Rest an möglichem Glück zu verzichten, verhindert eine wirksame Veränderung. Darum helfen ihm weder moralische Appelle noch Appelle an seine Vernunft. Vielmehr müssen die unbewußten Zusammenhänge bewußtgemacht, seine Persönlichkeit gestärkt und sein Verhaltensspielraum erweitert werden, damit er diese Angst beruhigen und einen klareren Blick für das bekommen kann, was seinem Glück dienlich ist.

Das gleiche läßt sich auch von Handlungsweisen sagen, die andere Menschen kaputtmachen. Auch sie dienen verschlungen und verzerrt dem Ziel, glücklich zu werden. Der Ehemann z. B., der seiner Frau mit Unverständnis und Härte begegnet, der sie unterdrückt und schlägt, will »glücklich« werden; er hat Angst, daß Verständnis Schwäche ist und ihn in die Gefahr bringt, zu unterliegen und zu kurz zu kommen. Er will seine Stärke demonstrieren. Auch sein Verhalten erweist sich mit Distanz von außen betrachtet als fataler Irrtum, der ihn und seine Frau nur unglücklich machen kann. Aber für ihn ist dies der einzige Weg, ein wenig Selbstachtung aufrechtzuerhalten. Auch ihm helfen moralische Appelle und Verurteilungen nicht. Um sich ändern zu können, müßte er die Minderwertigkeitsgefühle und die Angst, zu kurz zu kommen, verlieren. Dies jedoch kann er nur, wenn er die Zusammenhänge und Hintergründe seines Verhaltens versteht und in der Aufarbeitung seiner Lebensgeschichte reift, so daß er angemessener mit seinen Problemen umgehen kann und erkennt, was wirklich seinem Lebensglück dient.

Diese Tiefensicht gilt nicht nur für derartig auffällige und extreme Verhaltensweisen, sondern für unser ganzes Tun und Lassen. Vom Rauchen, um dessen Schädlichkeit wir wissen und von dem wir doch nicht lassen, über die vielen alltäglichen Verhaltensweisen, mit denen wir uns und anderen schaden, bis hin zur atomaren Hochrüstung und Zerstörung der Natur hat all unser Verhalten nur ein Ziel: uns »glücklich« zu machen. Aber offenbar unterliegen wir in der Wahl der Mittel und Wege immer wieder fatalen Irrtümern, indem wir Einstellungen und Verhaltensweisen entwickeln, mit denen wir uns letztlich nur weiter vom Glück entfernen und ein gedeihliches Zusammenleben verhindern, ohne daß uns die verderbliche Wirkung so richtig bewußt würde. Im Gegenteil: Je unzufriedener wir uns fühlen, desto mehr verstärken wir dieses Verhalten, ohne Alternativen in den Blick zu bekommen. Und selbst wenn uns das Zerstörerische unserer Einstellungen und Handlungsweisen bewußt wird, fehlen uns oft Kräfte und Vorstellungen, um uns aus den eingefahrenen Bahnen zu lösen. Gesellschaftliches und individuelles Leben gleichen einem Todeskarussell, aus dem keiner auszusteigen wagt. In der Therapie ist es oft bestürzend, wie sehr Menschen an Denk- und Verhaltensmustern kleben, deren zerstörerische Wirkung ihnen mehr und mehr bewußt wird, von denen sie aber dennoch so einfach nicht lassen können.

Auch das sogenannte Böse, das wir tun, findet seine Erklärung darin, daß wir es zu unserem Glück als notwendig erachten und deshalb um unseres Glückes willen nicht darauf verzichten können. Dieses »Erachten« ist nie ein rein rationaler Denkprozeß, sondern weitaus mehr ein emotionales und unbewußtes Entscheiden, das spontan geschieht. Doch auch das bewußt überlegte Böse erfolgt um des vermeintlich persönlichen Glücks willen und erscheint im Hinblick auf dieses Ziel unersetzlich.

Darum kann das traditionelle moralische System dem Bösen auch nicht beikommen, weil weder die rein rationale Aufklärung über Werte und Verhaltensregeln noch die erzieherisch-disziplinarischen Maßnahmen einem Menschen die Angst nehmen können, das Beste im Leben zu versäumen. Es sind zwangsläufig zum Scheitern verurteilte Versuche, Menschen dazu zu bewegen, Einstellungen und Handlungsweisen aufzugeben, die sie für Grundbedingungen ihres Glückes halten. Weiterhelfen kann uns daher nur die Frage, was Menschen derartig den Blick für die Wirklichkeit verstellt und derartig ihren Verhaltensspielraum einschränkt, daß sie um des Glückes willen Denk- und Verhaltensmuster entwickeln und beibehalten, die sie unzufrieden und unglücklich machen und ihre Selbstwerdung und Persönlichkeitsreifung behindern.

In der therapeutischen Analyse menschlichen Verhaltens taucht immer wieder ein Faktor auf, der offenbar zu den stärksten Bewegkräften des Menschen gehört: die *Angst*. Ich meine damit nicht Ängste, die in unmittelbaren Gefahrensituationen auftauchen und anschließend wieder erledigt sind, sondern jene Angst, die in der Tiefenschicht der menschlichen Person verwurzelt ist und die das gesamte Leben als Gefahr empfinden läßt. Diese Angst ist selten dem Bewußtsein zugänglich, aber wie ein schleichendes Gift nimmt sie Einfluß auf das Denken, Fühlen und Handeln des Menschen. Sie steht nicht im Vordergrund des Erlebens, wohl aber im Hintergrund der Persönlichkeits- und Verhaltensentwicklung. Viele werden Angst weit von sich weisen, nicht ahnend, daß gerade die Angst für diese Verleugnung verantwortlich ist. Die Angst kann unterschiedlich stark sein und verschiedene Ausprägungen annehmen. Sie kann bewußt und verdrängt werden. Sie kann uns als Gefühl beschleichen oder sich in körperlichen Symptomen äußern. Sie bestimmt in entscheidendem Maße, wie wir die Wirklichkeit um uns herum wahrnehmen und empfinden und wie wir uns auf diese Wirklichkeit einlassen. Ob wir Geborgenheit, Nähe und Anlehnung suchen, weil wir Distanz und Eigenständigkeit als Isolation, Kälte und Unsicherheit fürchten, oder ob wir Distanz und Eigenständigkeit suchen, weil wir Nähe als verschlingende Macht und Verlust unserer Identität fürchten; ob wir Veränderung und ständige Abwechslung suchen, weil wir Beständigkeit und Ordnung als Festlegung, Unfreiheit und Erstarrung fürchten, oder ob wir Ruhe und Ordnung suchen, weil wir Veränderung als Chaos und Unsicherheit fürchten: Immer ist es Angst, die unsere Sichtweise und unser Erleben bestimmt und damit ganz entscheidend unser Verhalten prägt. Angstvermeidung ist Auslieferung an die Angst. Wir versuchen soweit wie möglich, Ängste zu vermeiden, weil das, was uns Angst macht, als Bedrohung unserer Lebensmöglichkeit und unseres Glücks erscheint. Angst macht defensiv und letztlich steril. Es ist daher letztlich Angst vor dem Tod, die dafür verantwortlich ist, daß wir uns in unseren Lebens-, Ausdrucks- und Verhaltensmöglichkeiten erheblich einschränken. Es ist das neurotische Paradox, daß Menschen dem Tod ausweichen wollen und sich deshalb in ihrer Erlebnis- und Aktionsweise so stark einschränken, daß sie das Leben, das sie doch sichern und erhalten wollen, behindern und abtöten.

Das Schreckliche daran ist, daß diese Zusammenhänge normalerweise nicht bewußt sind. Der aufopferungswillige, allzeit dienstbereite Mensch wird weder spüren noch ahnen, daß Todesangst dafür verantwortlich ist, daß er sich nicht abgrenzen und verweigern kann. Der korrekte und penible Beamtentyp wird ebenfalls weder spüren noch ahnen, daß sein Leben wegen dieser Todesangst in genau geregelten Bahnen verlaufen muß. Auch der Supersportler, der nur Pisten mit höchstem Schwierigkeitsgrad fährt, die steilsten Bergwände erklettert, mit dem Fallschirm abspringt oder gefährliche Motorradrennen bevorzugt, ahnt und spürt nicht, daß diese Todesangst dafür verantwortlich ist, daß er sich so seiner Freiheit, Lebendigkeit und Überlegenheit versichern muß.

Eine Wurzel dieser Angst haben wir bereits kennengelernt: die reale Abhängigkeit des Kleinkindes von der Versorgung durch die Eltern. Das Kleinkind erlebt ja, daß es die lebensnotwendige Annahme und Versorgung aufs Spiel setzt, wenn es den Erwartungen der Eltern nicht gerecht wird. Damit wird bereits das neurotische Paradox grundgelegt: die Bereitschaft, um des Überlebens willen auf den spontanen Selbstausdruck und die Selbstverwirklichung zu verzichten, sie zumindest erheblich einzuschränken. Diese Bereitschaft bleibt über das Ende der realen Abhängigkeit hinaus bestehen, denn die Angst bestimmt weiterhin die Sichtweise der Wirklichkeit.

Es ist ja gerade das Problem vieler Menschen, daß soziale Ängste sie hindern, sie selbst zu sein; sie glauben, zu ihrem Glück der Anerkennung und Zustimmung der anderen zu bedürfen, und fürchten, diese zu riskieren, wenn sie sich so geben, wie es ihnen wirklich entspricht. Die Angst verzerrt bereits die Wahrnehmung der Wirklichkeit, in der Leben und Überleben ja auch ohne die Zustimmung der anderen möglich ist; Selbstverwirklichung wird zwar Beziehungen und Anerkennungen aufs Spiel setzen, aber auch zur Grundlage neuer und tragfähigerer Beziehungen werden. Ganze Industriezweige leben davon, uns einzureden, wie wir zu sein hätten. Sie unterstützen damit den fatalen Irrtum, daß nur der glücklich wird, der Erwartungen erfüllt, der erwünschte Eigenschaften, Leistungen, Aussehen, Einkommen, Bildung, Titel, Posten etc. vorweisen kann. Die Angst vor sozialem Nichts ist für den Irrtum verantwortlich, daß das Haben solcher Merkmale wichtiger sei als das selbstbestimmte Sein. Denn die Angst verzerrt den Blick für die Wirklichkeit und täuscht darüber hinweg, daß »Glück wie Unglück mehr sind als nur ein Geisteszustand. Glück und Unglück drücken in Wirklichkeit die Verfassung des gesamten Organismus, der Gesamtpersönlichkeit aus. Glück steht im Zusammenhang mit einer Zunahme an Vitalität, an Intensität des Fühlens und Denkens und an Produktivität. Unglück steht im Zusammenhang mit einer Abnahme dieser Fähigkeiten und Funktionen.«[49]

Menschen handeln so, wie sie handeln, weil sie glücklich werden wollen. Aber die Angst verzerrt ihren Blick für die Voraussetzungen des Glückes, so daß sie bereit werden, gegen sich anzuleben. So kann es schließlich dazu kommen, daß das moralische Gewissen ein gutes Gefühl vermittelt, wenn Erwartungen und Normen erfüllt werden, während gleichzeitig das existentielle Gewissen ein ungutes Gefühl erzeugt, weil dieser Mensch nicht in Übereinstimmung mit sich selbst lebt und nicht die Möglichkeiten entfaltet, die in seiner Person grundgelegt sind. Viele Lebenskrisen erklären sich aus diesem Mißverhältnis.

Die aus Todesangst geborenen sozialen Ängste sind also in erheblichem Maße für mangelnde Identität und Selbstwerdung verantwortlich. Aber sie sind nicht die einzigen Erklärungen. Wir haben bereits früher gesehen, daß die Bedrohung der eigenen Existenz viel genereller erlebt wird. Die Erfahrung, daß das eigene Dasein reiner Zufall und unvermeidlich durch den Tod begrenzt ist, ist verbunden mit der Erfahrung, daß die Länge der Zeitspanne zwischen Geburt und Tod unbekannt, dafür aber von Anfang bis Ende gefährdet ist durch Krankheit, Leid, Behinderungen, Zumutungen, Scheitern, Sinnlosigkeit und Glücklosigkeit. Gerade darum wird die Angst, am Glück vorbeizuleben und vom Leben enttäuscht zu werden, zum mächtigsten Beweggrund unseres Handelns. Während in den sozialen Ängsten die Angst vor Verwerfung verfestigt wird, kommt hier die Erfahrung eines totalen Ausgeliefert- und Hinausgeworfenseins zum Ausdruck.

Durch den Blick des Vertrauens wäre das Leben ein Geschenk voller Möglichkeiten, durch den Blick der Angst aber wird es zu einer Zumutung voller Gefahren. Eine stoische Ruhe, die sich in sich selbst verkriecht und sich in einer Art Todesstarre dem Leben verweigert, oder eine innere Unruhe, ein Aktivitätsdrang und Erlebnishunger sind die Folge dieses verängstigten Blickes. Halt und Sicherheit werden gesucht, handfeste, griffige Dinge, die das Glück garantieren sollen. »Nimm dein Leben in die Hand«, lautet die Devise, die dem Leben das Glück abtrotzen will. So werden Leistung, Materialismus, oberflächliche Lustorientierung, Konsum, Machtausübung und vieles andere zu bestimmenden Lebensprinzipien, von denen man sich ein Maximum an Halt und Glück verspricht: Verzweifelte Versuche, der existentiellen Bedrohung entgegenzuarbeiten und das Glück zu machen. Wie sehr all diese Formen der Lebensgestaltung Versuche sind, die Angst vor der Sinn- und Glücklosigkeit zu bändigen, wird ersichtlich, wenn einer dieser »Glücksbringer« ausfällt und jäh die Angst vor dem Abgrund da ist; wenn die berufliche Karriere an ihr Ende kommt, die Partnerschaft in die Brüche geht; wenn Krankheiten, Unglücke und Unvorhergesehenes die Lebensplanung durchkreuzen; wenn Ideale, Besitztümer oder wichtige Beziehungen verlorengehen. Dann wird die Illusion, die Täuschung, offenbar und das Un-Glück um so schmerzhafter erlebt.

Die Angst vor dem Abgrund hatte den Blick verstellt für das, was wirklich Halt gibt und Glück ermöglicht. Menschen handeln so, wie sie handeln, weil sie glücklich werden wollen. Aber die Angst vor dem Abgrund des Unglücks setzt sie dermaßen unter Druck, daß sie sich über die Voraussetzungen des Glücks täuschen und als Getriebene einem zwanghaften Haben- und Machenmüssen erliegen auf Kosten der Selbstwerdung und Persönlichkeitsreifung. Sie unterliegen dem fatalen Irrtum, daß das Glück abhängig sei von Faktoren, die außerhalb der eigenen Person liegen, die man erwerben und *haben* muß. So wird verhindert, Glück in dem zu finden, was in der eigenen Person zum Leben kommen und entfaltet werden will, was man also *sein* kann.

Wer sich dermaßen in der eigenen Existenz bedroht fühlt, der kann andere Menschen nur als Halt und als Glück versprechend oder als Konkurrenten um das Glück empfinden; dem ist jeder andere entweder Strohhalm, an den er sich klammert, oder eine zusätzliche Gefährdung seines persönlichen Glücks. Auch dies ist wieder einseitige, durch Angst verzerrte Wahrnehmung der Wirklichkeit, die aber den Umgang miteinander bestimmt. Die Angst überschätzt in jeder Hinsicht die Bedeutung anderer Menschen, ob sie sie nun idealisiert und vergöttert oder verteufelt. Die Erfahrung, daß man sein Bestes leistet, um anerkannt zu werden, und trotzdem immer wieder erlebt, daß andere bessere Ausgangsbedingungen haben, im Vorteil sind oder begünstigt werden, läßt im anderen den Widersacher sehen, der bekämpft werden muß, wenn man selbst nicht zu kurz kommen will. Die Interessen, Wünsche und Bedürfnisse des anderen treten in Konkurrenz zu den eigenen, so daß es anscheinend nur ein Entweder-Oder gibt: Entweder ich ignoriere die eigenen Wünsche und setze die der anderen oben an, damit ich Anerkennung gewinne und dadurch glücklich werde, oder ich ignoriere die Bedürfnisse der anderen und setze die eigenen oben an, damit ich auf meine Kosten komme und dadurch glücklich werde. Das Konkurrenzgefühl erlaubt kein Miteinander, in dem man leben und leben lassen kann, sondern nur ein Gegeneinander, in dem man entweder zur Sieger- oder zur Verliererseite gehört.

Wie kompliziert die jeweils konkreten Zusammenhänge auch sein mögen, die zu einem bestimmten Tun oder Lassen führen, so zeigen sich doch Grundstrukturen menschlichen Verhaltens. Menschen handeln so, wie sie handeln, weil sie glücklich werden wollen und weil sie überzeugt sind, einzig durch diese Handlungsweise ihrem Glück zu dienen. Dabei sind sie sich der vielen Faktoren, die auf ihr Verhalten Einfluß üben, nicht bewußt. So unterliegen sie in der Wahl ihrer Handlungsweisen vielen Irrtümern, weil eingefahrene Erlebnis- und Verhaltensmuster, soziale und existentielle Ängste ihren Blick für die Wirklichkeit verzerren. Das erklärt, weshalb Menschen so oft gegen ihr Glück handeln, da sie sich hinsichtlich der Voraussetzungen des Glücks täuschen. Das läßt das Böse verstehen, dessen sich die Menschen schuldig machen. Denn Menschen handeln nicht böse, weil sie böse, aufsässig oder gemein sein wollen, sondern weil sie etwas tun wollen, das sie dem Glück näher bringt. Erst viel zu spät und viel zu hintergründig erweist sich dies als Fehler. Es tritt nicht das ein, was sie sich eigentlich von diesem Verhalten versprochen haben.

Der Mensch ist kein Teufel, sondern Opfer seiner selbst, Opfer seiner Begrenztheit, seiner Lebens- und Lerngeschichte. »So also müßte man das Böse betrachten: nicht als Folge eines ursprünglich bösen Willens, wie immer dieser moralisch qualifizierbar sein möge, sondern gerade umgekehrt als das Ergebnis eines Bemühens, etwas richtig Erscheinendes zu tun, das sich erst viel zu spät und hintergründig als dem entgegengesetzt erweist, was man eigentlich dachte.«[50] »Alles Böse enthält ein Fehlurteil. Das Böse ist eine falsche Wertschätzung. Jede Stufe des Bösen ist eine Stufe des Irrtums in der Bewertung eines Verhaltens, die Überschätzung oder Unterschätzung eines Wertes.«[51]

Damit Menschen anders handeln können, müssen sie die Hintergründe und Zusammenhänge ihres Verhaltens verstehen lernen. Sie müssen ihre Persönlichkeit entwickeln, damit sie ihren Verhaltensspielraum erweitern können. Vor allem aber muß ihre Grundangst beruhigt werden. »Denn die Menschen sind Gefangene einer Angst, aus der sie zutiefst solange kein Entrinnen finden werden, als sie nicht erlöst werden durch die Macht des Vertrauens.«[52] Genau das aber ist der therapeutische Weg des Heilens im Gegensatz zum erzieherisch-disziplinarischen Verfahren der Moral. Die moralische Sichtweise will bewerten und beurteilen. Damit untergräbt sie einerseits das Selbstwertgefühl der Menschen, andererseits verstärkt sie damit die Tendenz zur Spaltung. Denn unter dem moralisch bewertenden Blick kann ein Mensch sich nicht so zeigen und wahrnehmen, wie er ist. Er muß vielmehr vor sich und den anderen die Wahrheit verbergen, den Schatten abspalten, damit er das Wohlwollen und die Zustimmung der urteilenden Autorität nicht riskiert.

Die therapeutische Sichtweise dagegen ist nicht an abstrakten Werturteilen interessiert. Sie will die Ursachen und Zusammenhänge der Denk-, Erlebnis- und Verhaltensmuster eines Menschen verstehen und erkennen, welche Auswirkungen sie auf die Persönlichkeitsentwicklung des Betreffenden haben. Denn die therapeutische Sichtweise ist um die Gesundheit, d. h. Integrität und Echtheit der Person besorgt und darin dem existentiellen Gewissen verbunden. Sie ist darum von gleichem Wohlwollen und gleicher Geduld bestimmt, die allein einen solchen Raum des Vertrauens schaffen, in dem ein Mensch den Blick auf seinen Schatten werfen kann, ohne die entsetzliche Angst, damit Akzeptanz und Daseinsberechtigung zu verlieren. »Die Aufgabe des Therapeuten besteht ... nicht darin, die Ablehnung des einen Teils der Persönlichkeit durch den anderen zu verstärken, der Therapeut muß vielmehr eine ›unveräußerliche Beziehung‹ aufbauen, in der der ablehnende und der abgelehnte Teil des Selbst betrachtet, verstanden und in seiner ganzen Bedeutung integriert oder verändert wird. ... Der Mensch, der von einem guten Therapeuten begleitet wird, wird spüren, daß er weder ermutigt wird, ›sich auszuleben‹, noch, ›weiterzuleiden, weil das seine Pflicht ist‹. Er wird spüren, daß hier jemand ist, der neben ihm steht, mit ihm, in seinen menschlichen Schwierigkeiten, und der versuchen wird, ihm zu helfen, einen Sinn in all den Konflikten zu finden und Wege, umfassender und weniger selbstzerstörerisch zu leben.«[53]

Die unbedingte Annahme des Menschen ist die Grundvor-
aussetzung, ohne die er sich nicht der Wahrheit seines Lebens stellen kann. Die moralische Sichtweise ist entlarvend,
bloßstellend, die Blöße und Unansehnlichkeit aufdeckend,
und darum vernichtend. Doch nur, wenn ein Mensch sich
mit den Augen der Liebe betrachtet weiß, ohne die Angst,
man könne an ihm etwas entdecken, was man ihm zum
Vorwurf macht, kann er sich so zeigen, wie er ist, und sich
selbst annehmend zu wirklicher Veränderung fähig werden.

Manchen bedeutet es anscheinend einen herben Verlust,
anderen nicht mehr Bösartigkeit unterstellen zu können,
denn diese Unterstellung »berechtigt« ihre eigene Aggression. Doch braucht Verständnis nicht mit Billigung verwech-
selt zu werden. Gerade wenn das Tun eines anderen meiner
eigenen Integrität zuwiderläuft, ist Ärger und Wut natürlich
und sich wehren angebracht. Verständnis für den anderen
soll nicht gleichzeitig zu Unverständnis den eigenen Empfindungen und Handlungsweisen gegenüber führen. Wer mich
tritt, tut mir weh. Ich mag zwar sein Verhalten verstehen
können, aber tolerieren kann ich es nicht.

19 Irrtum als Chance

»Wer glücklich werden will, muß sich selbst verwirklichen.«[54] Denn nur in der Treue zum eigenen Wesen und zur eigenen Berufung kann jene innere Ruhe und Zufriedenheit, Lebensfreude und Gelassenheit gewonnen werden, die kommunikations-, arbeits- und genußfähig macht und deshalb Kennzeichen des Glückes ist. In Übereinstimmung mit dem eigenen Selbst entwickelt der Mensch seine unverwechselbare Identität. Die Fähigkeit, sich spontan und echt auszudrücken und das Leben kreativ zu gestalten, wird ihm zur Grundlage des Glücks. Doch diesem Lebensziel wirken viele Kräfte entgegen, die den Verhaltensspielraum einschränken, die Persönlichkeit deformieren und die Selbstwerdung verhindern. Wer sein Selbst entdecken will, muß sich auf einen beschwerlichen Prozeß der Veränderung und Reifung einlassen, auf dem er sich selbst kennen und verstehen lernt und langsam die Stimme seines existentiellen Gewissens wahrzunehmen und ihr zu folgen beginnt. Eine Schwierigkeit besteht darin, daß jeder Mensch beide Formen des Gewissens, das moralische und das existentielle, in sich trägt und zunächst die beiden nicht voneinander zu unterscheiden vermag. Beide können ganz bestimmte und auch unbestimmte Schuldgefühle hervorrufen, beide können auch Unruhe und Unzufriedenheit erzeugen. Dennoch gibt es einen deutlichen Unterschied: Die Äußerungen des *moralischen Gewissens* als Repräsentanten der autoritativen Erwartungen sind immer verbunden mit der Angst vor Verwerfung. Sie entsprechen dem Gefühl, eine vorgeschriebene Ordnung verletzt zu haben, und der ängstlichen Erwartung der Folgen. Schuldgefühle und Unzufriedenheit mit sich selbst, die von Angst begleitet sind und die Selbstliebe und Daseinsberechtigung in Frage stellen, verweisen auf ihre Herkunft aus dem moralischen Gewissen.

Anders die Äußerungen des *existentiellen Gewissens*. Auch

sie führen dazu, daß ein Mensch unzufrieden mit sich selbst ist, aber nicht, weil er das Gefühl hat, Vorschriften verletzt zu haben, sondern weil er das Gefühl hat, daß in seinem Leben etwas nicht stimmt. Diese Unzufriedenheit hebt nicht die Selbstliebe auf und stellt auch nicht die Akzeptanz und Daseinsberechtigung in Frage, sondern motiviert zur Suche nach dem Grund und zur Veränderung, die nicht als Zwang und Zumutung erlebt wird, sondern als Befreiung und Bereicherung. Nicht die Angst vor Ablehnung, Verwerfung oder Strafe ist das Motiv der Veränderung, sondern der Wunsch, ganzheitlicher, echter und konsequenter zu leben in Übereinstimmung mit der inneren Ordnung. Während das moralische Gewissen auf verletzte Spielregeln verweist und zur Anpassung mahnt, verweist das existentielle Gewissen auf mangelnde Identität, auf Schädigungen und Behinderungen der Persönlichkeitsentfaltung, auf die Verfehlung des eigenen Wesens. Während die Befolgung des moralischen Gewissens häufig dazu führt, gegen sich selbst anzuleben, führt die Befolgung des existentiellen Gewissens häufig dazu, gegen bestehende Konventionen und Traditionen anzuleben.

Auch wer beginnt, er selbst zu werden und der inneren Stimme zu folgen, wird beide Formen des Gewissens beibehalten. Aber es kommt darauf an, von welcher er sich in welchem Maße bestimmen läßt, und wie er die eine von der anderen unterscheidet. Das moralische Gewissen hat durchaus seinen Sinn, denn es liefert einen Orientierungsrahmen, Wertmaßstäbe und Verhaltensregeln zu einem Zeitpunkt, wo die eigene Person noch überfordert wäre, sich selbst zu orientieren und eine wirksame Verhaltenskontrolle auszuüben. Aber die Inhalte des moralischen Gewissens sollten nicht anders verstanden werden denn als Angebote und Wegweisungen, die einer persönlichen Überprüfung und Anpassung im Hinblick darauf bedürfen, ob sie die Selbstwerdung fördern oder verhindern, ob sie dem persönlichen Glück dienen oder nicht. Inhaltlich können das existentielle und das moralische Gewissen auch Übereinstimmungen aufweisen. Dennoch ist es von völlig anderer Qualität, ob ich einen Wert als Ausdruck meiner selbst verwirkliche oder als Erfüllung einer auferlegten Pflicht.

Der »Schuldspruch« des existentiellen Gewissens ist keine Verurteilung der Person, sondern eine Beurteilung des Verhaltens, ob es der persönlichen Integrität dient oder nicht. Insofern regt sich das existentielle Gewissen bei allen angstbedingten Irrtümern; aber es verurteilt sie nicht als kaum verzeihliche Regelverstöße, sondern erinnert in liebender Besorgtheit um das eigene Heilsein an das Ziel dieser persönlichen Integrität. Die Schuld aufgrund von Fehlern und Irrtümern wird daher zur Chance, in der bewußten Auseinandersetzung mit deren Ursachen und Folgen zu größerer Identität, zur Reifung und Selbstwerdung beizutragen. Ihr »erkenne dich selbst« ist keine Entlarvung beschämender Unzulänglichkeit, sondern Einladung, sich besser zu verstehen, um aus diesem Verständnis heraus Veränderungen zu ermöglichen und schädigendes Verhalten zu korrigieren.

»Ein Mensch kann nicht vermeiden, wenn er seiner bewußt wird, seine Mangelhaftigkeit, in gewissem Sinn seine Lächerlichkeit, seine Ohnmacht, seine Niedrigkeit, seine Verwundbarkeit, seine Ausgesetztheit zu bemerken.«[55] Aus der moralischen Sicht ist das ein Skandal, an dem man Anstoß nimmt, dessen wir uns schämen und gegen den wir ankämpfen müssen. Denn das moralische Gewissen entsetzt sich ob der Schattenseiten, bekämpft oder verdrängt sie. Das existentielle Gewissen dagegen lädt voller Ruhe zum Blick auf diesen Schatten ein: Auch das bist du, auch dazu bist du fähig. »Ein Prozeß, in dem das Ich gezwungen wird, sich als böse und krank, als asozial und leidend, als häßlich und beschränkt zu erkennen, ein analytischer Weg, der die Inflation des Ich auflöst und es erfahren läßt, wie und wo es begrenzt und einseitig, typologisch determiniert, vorurteilsvoll und ungerecht ist, stellt eine so bittere Form der Selbstbegegnung dar, daß man den Widerstand gegen ihn begreifen kann.«[56] Diese desillusionierende Begegnung mit sich selbst kann nur im Vertrauen auf eine unumstößliche Akzeptanz und Daseinsberechtigung gelingen. Aber diese heilsame Erkenntnis befreit von Täuschung und auch vom Zwang, etwas zu sein, was man nicht ist. »Die Opferung des absoluten Vollkommenheitsideals, das die alte Teilethik lehrte, führt keineswegs zu einer Verringerung des menschlichen Wertes. Schon das Wegfallen der negativen Folgen der Spaltungserscheinungen wäre für das Leben ein so ungeheurer Gewinn, daß die neue ethische Forderung, das Negative anzunehmen, dadurch gerechtfertigt wäre.«[57] Das »Böse« braucht nicht verleugnet, nicht rationalisiert und nicht abgespalten zu werden, es kann angeschaut und verstanden und so zur Chance der Reifung werden.

In den Märchen ist die Konfrontation mit dem eigenen Schatten oft als Begegnung mit einem Grobian oder mit Räubern tief im Wald dargestellt, eine unheimliche und entsetzliche Begegnung. Aber die Märchen machen gleichzeitig deutlich, daß in einer angstbewältigenden Begegnung diese Grobiane zu wichtigen Helfern werden können. Durch den Weg der Selbstwerdung wird der Mensch ärmer an Illusionen, aber auch verständnisvoller. Denn der Zugang zur eigenen Tiefe, die Erfahrung und Bejahung des eigenen Schattens ermöglicht Verständnis für die Dunkelseite der Menschheit überhaupt.

Das bedeutet auch, daß das alte moralische Vollkommenheitsideal nicht durch ein neues psychologisches ersetzt werden darf: als ob ein Mensch immer ausgeglichen, reif, verständnisvoll etc. sein müßte. Dies kann nur zu neuer Spaltung und Schattenbildung führen. Vielmehr sollte das eigene Sowohl-Alsauch angstfrei und liebevoll bejaht, die Entwicklungsbedürftigkeit und -fähigkeit gesehen werden. Dann werden die Veränderungen nicht als aufgezwungene Zumutungen erlebt, sondern trotz aller damit verbundenen Schwierigkeiten als lustvolle Entwicklung und Entfaltung der eigenen Identität.

In der Schulderfahrung des existentiellen Gewissens werde ich mir bewußt, daß ich mich und/oder andere um eine Chance sinnvollen, identischen und damit das Glück fördernden Lebens gebracht habe. Diese Erkenntnis mag schmerzen, aber sie ändert nichts an der Liebenswürdigkeit der eigenen Person. Sie motiviert zur Veränderung und macht so die Irrtümer zu Chancen. Die Irrtümer erweisen sich im nachhinein sogar oft als unvermeidbare, äußerst sinnvolle und notwendige Stufen der Entwicklung.

V
Schulderfahrung im Glauben

20 Die traditionelle Praxis der Kirche

»Lieber Gott, ich möchte mit einem Fluch beginnen, oder mit einer Beschimpfung, die mir bald Erleichterung brächte. Eine Art innere Explosion müßte es werden, die dich zerfetzte. ... Du haustest in mir wie ein Gift, von dem sich der Körper nie befreien konnte. Du wohntest in mir als mein Selbsthaß. Du bist in mich eingezogen wie eine schwer heilbare Krankheit, als mein Körper und meine Seele klein waren ... Weil ich dich insgeheim haßte um der Demütigungen willen, die ich auf mich nahm, um dir zu gefallen, um deine Gunst zu erwerben oder auch nur um deine Ungunst zu vermeiden, mußte ich dich immer mehr verehren, dich immer inständiger anflehen, an mir doch ein wenig Wohlgefallen zu finden ... Aber weißt du, was das Schlimmste ist, das sie mir über dich erzählt haben? Es ist die tückisch ausgestreute Überzeugung, daß du alles hörst und alles siehst und auch die geheimen Gedanken erkennen kannst. Hier hakte es sehr früh aus mit der Menschenwürde; doch dies ist ein Begriff der Erwachsenenwelt. In der Kinderwelt sieht das dann so aus, daß man sich elend fühlt, weil du einem lauernd und ohne Pausen des Erbarmens zusiehst und zuhörst und mit Gedankenlesen beschäftigt bist. Vorübergehend mag es gelingen, lauter Sachen zu denken oder zu tun, die dich erfreuen, oder die dich zumindest milde stimmen. Ganz wahllos fallen mir ein paar Sachen ein, die dich traurig gemacht haben, und das war ja immer das Schlimmste: dich traurig machen – ja, die ganze Last der Sorge um dein Befinden lag ständig auf mir, du kränkbare, empfindliche Person, die schon depressiv zu werden drohte, wenn ich mir die Zähne nicht geputzt hatte ... Fast zwanzig Jahre lang war es mein oberstes Ziel, dir zu gefallen. Das bedeutet nicht, daß ich besonders brav gewesen wäre, sondern daß ich immer und überall Schuldgefühle hatte... Dir verdanke ich die Erfahrung der schrecklichsten Dimension: sich verworfen fühlen.«[58] Diese trotzig-traurige Abrechnung mit dem Gott der Kindheit würde sicherlich vielen guttun, denn sie spiegelt wider, was viele Christen in ihrer moralischen Erziehung erfahren haben: Gott wurde vorwiegend als oberste moralische Instanz verkündigt, als Gesetzgeber, Richter und Strafvollzugsorgan in einem, um dessen Wohlwollen man ständig ängstlich bemüht sein mußte. Der Glaube entspricht so der angstbesetzten Eltern-Kind-Beziehung. Das gilt sowohl für die traditionelle Praxis der Kirche wie auch für deren theoretische Grundlegung, der Theologie.

Die hierarchische Verfassung – uns kommt es hier auf modellartige Hervorhebung von Grundstrukturen an – der katholischen Kirche z. B. unterteilt die Mitglieder in Weisungsbefugte und in Gehorsamspflichtige. Mit dieser Unter- und Überordnung legt sie die Mitglieder auf das Eltern-Kind-Beziehungsmuster fest. Das geschieht so selbstverständlich, daß Erwachsene nichts Ungewöhnliches daran finden, daß sie einen der ihren als »Heiligen *Vater*« bezeichnen und ihm uneingeschränkte Autorität zubilligen. Bei der hierarchischen Struktur handelt es sich nicht um eine funktionale Zuordnung verschiedener Dienste, wie sie überall notwendig ist und wie sie Paulus etwa in seinem Leib-Gleichnis (1 Korinther 12,4–30) ausführt, in dem er ausdrücklich jedem hierarchischen Denken eine Absage erteilt und allein Christus als bestimmendes Haupt gelten läßt. Bei dieser Struktur handelt es sich vielmehr um eine wesensmäßige Unter- und Überordnung, bei der die einen kraft ihres amtlichen Ranges den Willen Gottes erkennen können, während die anderen dazu nicht in der Lage sind und deshalb geführt werden müssen. Unter dieser Führung sollen sie an eine von der Führung vorgegebene Ordnung angepaßt werden, die als Ausdruck des göttlichen Willens ausgegeben wird.

Ein guter Christ ist, wer den Führungs- und Wahrheitsanspruch der Minderheit akzeptiert und sich an deren Weisungen hält. Eigenwilligkeit dagegen führt zum Verlust der Akzeptanz durch die Autoritäten und zum Ausschluß von Ämtern und Funktionen. Der Beistand Gottes ist für die Führung reserviert, die Wahrheit kann nur von oben kommen. So wird die infantile Beziehungsstruktur zur gottgewollten Ordnung erhoben, die jedes emanzipatorische Bestreben, erwachsen und damit selbständig und selbst-verantwortlich zu werden, zur Ursünde schlechthin erklärt und jede Kritik am Führungsanspruch der kirchlichen Obrigkeit in die Nähe der Rebellion gegen Gott selbst rückt. Anstatt den einzelnen zur Unmittelbarkeit der Gotteserfahrung zu führen und ihm damit eigene Erfahrung göttlicher Weisung zu ermöglichen, verunsichert ihn die Hierarchie und beharrt auf ihrem Anspruch, die Wahrheit zu kennen. Anstatt den einzelnen dem Unkontrollierbaren (Gott) auszusetzen, besteht die Hierarchie auf Kontrolle, denn vor nichts hat sie soviel Angst wie vor dem, was sich frei von ihrer Kontrolle ereignen und entwickeln könnte. Das gilt von der Kirchenspitze über die aufgeblähten Verwaltungsapparate bis hin zu den kleinen Funktionären, ein grandioses Schauspiel gegenseitiger Bevormundung. Das Lehramt entscheidet, was Gottes Wille ist, und spricht dem einzelnen die Kompetenz ab, dies zu beurteilen. »Das kannst du gar nicht beurteilen«, diese elterliche Verunsicherung und Entmündigung ist im kirchlichen Bereich im Umgang mit Erwachsenen gang und gäbe. Der einzelne soll gar nicht in die Lage versetzt werden, selbst zu erkennen und selbst zu entscheiden, er soll vielmehr in der Abhängigkeit von Autoritäten gehalten werden. Die traditionelle Praxis der Kirche, vor allem im ethisch-moralischen Bereich, ist in sich antiemanzipatorisch.

Auch die Theorie dieser Praxis, die Theologie, spiegelt vielfach die furchtbeladene Eltern-Kind-Beziehung wider und fixiert den Menschen auf infantile Erlebensweisen von Schuld. Deren besonderes Kennzeichen ist ja die Angst vor Verwerfung, die Angst, aus der lebensnotwendigen Beziehung entlassen zu werden. Genau mit dieser Angst wird in der traditionellen Theologie gearbeitet. Gott erscheint darin als Vergrößerung der elterlichen Autorität, die alles gewähren, aber strafend auch alles entziehen kann. Sein Wohlwollen erlangt, wer seine Gebote und Verbote beachtet. Wer ungehorsam ist, verliert das göttliche Wohlwollen und muß mit Strafe rechnen – spätestens im Jenseits. Ein ganz entscheidendes Motiv religiöser Lebensgestaltung ist darum nicht das Ergriffen- und Erfülltsein von Gottes Liebe, sondern das Bemühen, den launischen und leicht reizbaren Gott bei Laune zu halten, ihn für die eigenen Anliegen und Wünsche zu interessieren und ihn in seinen Forderungen und Erwartungen zufriedenzustellen. Opfer und Sühneleistungen werden als Selbstbestrafungsmaßnahmen angeboten, um die gefährdete Beziehung zu halten oder wiederherzustellen.

Es gehört zu den heute noch gültigen Vorstellungen in der Theologie, daß der Kreuzestod Jesu Sühne für die Sünden der Menschen ist; ein Opfer also, durch das Gott in seiner Kränkung und in seinem Zorn besänftigt werden muß, damit die Menschen erneut sein Wohlwollen erlangen können. Schuldgefühle entstehen in diesem Zusammenhang durch das ängstigende Bewußtwerden, ein Gebot oder ein Verbot übertreten und dadurch Gottes Liebe aufs Spiel gesetzt zu haben. Es ist die infantile Angst vor dem Verlust der lebensnotwendigen Liebe und Versorgung, die darin gipfelt, Gott werde einem auf immer und ewig den Himmel verweigern.

Die Folge davon ist ein permanenter Kampf gegen sich selbst bis in die Gedanken hinein, eine starre und verbissene Gebotsreligiosität, in der das Leben zur Leistung wird – in der Hoffnung auf eine entsprechende zukünftige Belohnung. Als ich vor einiger Zeit an einem Gesprächsabend erklärte, ich könnte mir eine ewige Verdammnis durch den liebenden Gott nicht vorstellen, da waren etliche Teilnehmer nicht etwa erleichtert, sondern empört: »Wofür strenge ich mich dann an?« Diese Frage offenbarte, daß sie bislang aus Angst vor Strafe gegen sich selbst anlebten. Diese Angst vor endgültiger Verwerfung war das eigentliche Motiv ihrer Lebensführung, denn sie wollten und würden anders leben, wenn der Grund ihrer Angst – das sogenannte Jüngste Gericht, der mögliche Verlust der Liebe Gottes, Strafe und Verdammnis – wegfiele. »Dann nehme ich mir morgen eine andere Frau«, rief erregt ein Teilnehmer und spürte dabei gar nicht, wie sehr er damit nicht meine Aussage, sondern seine Ehe bloßstellte: eine Lebensgemeinschaft, deren Bestand durch Angst vor Strafe gewährleistet ist und nicht durch Liebe. Solche Reaktionen erlebe ich oft. Ich bin jedesmal erschrocken darüber, wie wenig Menschen im Einklang mit sich selbst leben, wie viele dagegen in ihrer Lebensgestaltung von Angst bestimmt sind. Unsere Moral ist vielfach eine vordergründige, vorgetäuschte. Sie ist weithin das Ergebnis von Angst, Ausdruck der inneren Zerrissenheit und Spaltung, aber nicht Ausdruck echter Menschlichkeit und Ergebnis persönlicher Integrität und Reife.

Zu dieser erschreckenden Unaufrichtigkeit hat der kirchlich geprägte Glaube wesentlich beigetragen. Er entspricht in Theorie und Praxis dem materialistischen Schuldverständnis mit seinen fatalen Folgen: der Entmündigung, der Entwicklung einer Scheinpersönlichkeit, dem negativen Selbstbild. Nicht von ungefähr hat die Beichtpraxis der katholischen Kirche einen absoluten Tiefpunkt erreicht. Die Beichte vermochte zwar im Gefüge von Druck und Angst eine kurzfristige Entlastung zu bewirken, aber sie war eine demütigende Erfahrung, beklemmend und kaum erlösend. Vor allem konnte sie dem Menschen schwerlich helfen, seine Schuld zu verstehen und aus dem Kreislauf der Schuld auszusteigen. Die Versöhnung mit Gott blieb rationale Aussage, aber sie wurde selten zur heilenden Gewißheit, die ein positives Selbstbild, einen größeren Verhaltensspielraum und eine angstfreie Lebensgestaltung ermöglicht.

Diesen Raum der Gnade, in dem ein Mensch zu sich selbst finden darf, den Blick auf den eigenen Schatten wagen und sich verändern kann, diesen Raum finden Menschen zunehmend im psychotherapeutischen Gespräch. Die Couch des Therapeuten erweist sich dabei als erfolgreichere Konkurrenz zum Beichtstuhl. Das führt jedoch nicht zu einer kriti-

schen Überprüfung der kirchlichen Praxis und zu gegenseitiger Bereicherung, sondern zur Diskriminierung der therapeutischen Arbeit als Unmoral und Leugnung echter
Schuld. Dabei verhindern das traditionelle Gottesbild und
die herkömmliche Beichtpraxis offenkundig, was in der
Therapie erlebbar wird und was ja zutiefst in der Mitte des
Christlichen verankert ist: Gnade, d. h. die das Leben umge-
staltende Erfahrung, mit den Augen der Liebe betrachtet zu
werden und vorgängig jeder Erwartungserfüllung zum Dasein berechtigt zu sein.

21 Was die Bibel Sünde nennt

In der Bibel gibt es gleich zu Beginn eine Erzählung, die als
Beschreibung und Erklärung der Sünde schlechthin im Bewußtsein vieler ist: die Erzählung vom Sündenfall (Genesis
3,1–24). Die traditionelle Auslegung dieser Erzählung versteht Sünde wesentlich als Rebellion, als Ungehorsam der
ersten Menschen, die selbstherrlich entscheiden und wie
Gott sein wollten. »In der Erzählung vom Sündenfall erscheint Sünde als Verfehlung gegen Gottes Ordnung; die
treibende Kraft ist das Drängen des Menschen, zu sein wie
Gott, das Wissen um Gut und Böse. Die Menschen zweifeln,
daß Gottes Verfügung in ihrem Interesse liege und daß
Gottes Wille für sie unbedingt verbindlich sei. Der Mensch
möchte nicht mehr Gott als Herrn seines Lebens anerkennen, nicht mehr Gottes Wort und Urteil als Richtschnur
seines Handelns annehmen.«[59] Diese Interpretation, die
auch heute noch die Verkündigung bestimmt, liegt ganz auf
der Linie des materialistischen Schuldverständnisses. Denn
sie bemißt Schuld an der Übertretung eines Verbotes und
unterstellt als Motiv Aufsässigkeit, den Wunsch nach Selbstbestimmung. Doch davon steht nichts im Text, wie der
Theologe und Psychoanalytiker Eugen Drewermann überzeugend nachgewiesen hat, an dessen Ausführungen ich
mich im folgenden halte[60].

Die traditionelle Auslegung offenbart Herrschaftsinteres-
sen, wenn sie den Wunsch nach Selbstbestimmung als Sünde
diffamiert und das Wesen der Sünde im Ungehorsam ausmacht. Insofern ist natürlich Kants Einwand berechtigt,
wenn er im Sündenfall die Geburtsstunde menschlicher Freiheit sieht und begrüßt[61]. Doch die Sündenfallerzählung enthält eine andere Thematik voller Tragik. Das zeigt bereits ein
Blick auf die ersten sieben Verse.

Der Sündenfall

1 Die Schlange war listiger als alle Tiere des Feldes, die Jahwe Gott gemacht hatte. Sie sprach zu dem Weibe: »Hat Gott wirklich gesagt: Ihr dürft nicht von allen Bäumen des Gartens essen?« 2 Das Weib antwortete der Schlange: »Von den Früchten der Bäume des Gartens dürfen wir essen. 3 Nur von den Früchten des Baumes, der mitten im Garten steht, hat Gott gesagt: Ihr sollt nicht davon essen und nicht daran rühren, damit ihr nicht sterbet.« 4 Darauf sprach die Schlange zu dem Weibe: »Keineswegs, ihr werdet nicht sterben. 5 Vielmehr weiß Gott, daß an dem Tage, da ihr davon esset, euch die Augen aufgehen und ihr sein werdet wie Götter, die Gutes und Böses erkennen.« 6 Das Weib sah, daß der Baum gut zu essen wäre und lieblich anzusehen und begehrenswert, um Einsicht zu gewinnen. Und sie nahm von seiner Frucht und aß und gab davon auch ihrem Manne, der bei ihr war, und er aß. 7 Nun gingen beiden die Augen auf, und sie erkannten, daß sie nackt waren. Deshalb flochten sie Feigenblätter zusammen und machten sich Schurze.

(Genesis 3,1–7)

Wir begreifen von dieser Erzählung nichts, wenn wir sie in einem zeitlichen Sinn als die erste Sündentat eines Urzeitmenschenpaares lesen. Als Schilderung der »Ursünde« hat sie vielmehr in dem Sinn Geltung, daß sie zeitlos in einem Symbol beschreibt, was im Ursprung, im Kern, im Wesen an sich Sünde ausmacht und den Menschen jeder Zeit für die Verführung anfällig macht. Denn als Verführt- und Betrogenwerden wird die *Sünde* dargestellt, und so entspricht diese Erzählung dem existentiellen Verständnis von Schuld als fatalem Irrtum in der Wahl der Mittel und Wege auf dem Weg zum Glück.

Das ganze Unglück beginnt mit einer Frage, die so unschuldig wirkt und dabei eine so hinterlistige Mischung von Wahrheit und Verdrehung ist, daß sie auf der Stelle den Menschen verunsichert. »Hat Gott wirklich gesagt: ihr dürft nicht von allen Bäumen des Gartens essen?« (3,1) Vergleicht man diese Frage mit der ursprünglichen Weisung in Genesis 2,16f. (»Von allen Bäumen des Gartens darfst du essen. Von dem Baum der Erkenntnis des Guten und Bösen darfst du nicht essen. Denn am Tag, da du davon ißt, mußt du sicher sterben.«), so wird spürbar, daß durch diese Frage Miß-

trauen geweckt wird, da sie die Grenze zwischen Ermöglichung und Einschränkung verwischt. Was ursprünglich wie
eine große Chance wirkt – der ganze Garten steht zur Verfügung – und wie eine aus Liebe und Sorge um den Menschen
geborene Mahnung, die den Menschen vor einer schrecklichen Erfahrung bewahren will, sieht jetzt aus wie eine Einschränkung, wie ein großes Verbot, dessen Übertretung mit
der Todesstrafe bedroht wird. Die Frage enthält also in sich
bereits einen Wechsel der Sicht.

Am Anfang der Sünde steht eine existentielle Verunsicherung, in der der Mensch nicht mehr weiß, ob dieses oder
jenes seinem Glück dienlich ist oder sein Unglück heraufbe-
schwört. Ist das Mißtrauen, der nagende Zweifel einmal
geweckt, gibt es fast kein Entrinnen mehr. Denn wenn die
bisherige Sichtweise (Gott meint es gut mit uns, er will uns vor
dem Unglück bewahren) fragwürdig geworden ist, dann
muß zwangsläufig eine andere Sichtweise an deren Stelle
treten (Gott meint es schlecht mit uns, er will uns das Glück
vorenthalten). In diesem Moment bekommt der Vorgang
eine unaufhaltsame Eigendynamik, bei der der Mensch weniger als Handelnder erscheint, sondern eher als Opfer
dieser Dynamik.

Die Antwort der Frau auf diese existentielle Verunsicherung ist alles andere als ein Aufbegehren gegen Gott oder ein
Rebellieren gegen das Verbot. Sie ist im Gegenteil Ausdruck
des Bemühens, den nagenden Zweifel zu beruhigen und
Gott gegen die hinterhältige Verdrehung der Wahrheit in
Schutz zu nehmen. So zitiert die Frau korrekt die ursprüngli-
che Weisung, allerdings um eine winzige Nuance verschärft
(»... und nicht daran rühren ...«). Doch genau dieser Zusatz
zeigt, daß das Mißtrauen und die Angst, am Glück vorbeizuleben, nicht mehr zu beruhigen sind. Denn die selbst aufer-
legte Tabuisierung (Berührungsverbot) ist Ausdruck der
bereits verspürten Verlockung und Faszination. Der Text
wirkt so, als wolle man sich zwingen, einen bestimmten
Gedanken nicht mehr zu denken, um sich vor der Faszination dieses Gedankens zu schützen. Dieses ängstliche Verhal-

ten bleibt nur um so stärker an diesem Gedanken hängen. Je mehr man ihn verdrängen will, desto stärker wird er sich aufdrängen. Die existentielle Verunsicherung ist also nicht aufgehoben, sie wird vielmehr wirksam in der Tabuisierung und im Verdrängungsversuch. Jede Tabuisierung ist Ausdruck von Angst. Sie ist ebenso Ausdruck des Bemühens, nichts falsch zu machen.

Auch in dem nächsten Satz der Schlange wird mit dem einmal geweckten Mißtrauen weitergespielt. Natürlich weiß Gott um den Unterschied zwischen dem, was für den Menschen gut ist, weil es seiner Integrität und Entfaltung dient, und dem, was für den Menschen schlecht ist, weil es ihm schadet und ihn zerstört. Gerade deshalb möchte er den Menschen davor bewahren, die zerstörerische Weise der Existenz kennenzulernen. Aber der verunsicherte Mensch kann dies in seinem Mißtrauen nicht mehr erkennen. Der Wechsel der Sichtweise hat schwerwiegende Folgen. Durch den Blick des Mißtrauens wird aus dem, was Leben schenkt und erhält, das, was Leben und Glück verhindert; aus Gott wird der üble Gegner und aus der Schlange der freundliche Erlöser. Mit tiefer Weisheit entfaltet diese Erzählung, wie durch den Blick der Angst die Wahrnehmung der Wirklichkeit verzerrt wird und plötzlich als unverzichtbare Garantie des Glückes erscheint, was in Wahrheit das Glück verhindert. Ein fataler Irrtum, ein echter Betrug, den man – wie in diesem Fall – erst viel zu spät erkennt und begreift.

Der Mensch handelt so, wie er handelt, weil er überzeugt ist, einzig auf diese Weise seinem Glück näherzukommen. Das meint auch die Erzählung vom Sündenfall. Denn auf einmal erscheint der Baum wie der Inbegriff des Glücks, »eine Wollust den Augen«, wie Martin Buber übersetzt. Diesem mächtigen Sog kann sich der Mensch nicht mehr entziehen. Da ist keine bewußte Entscheidung erkennbar, kein gewolltes Nein gegen das klar erkannte Gute. Da wird uns vielmehr ein Zwang vor Augen geführt, geboren aus der Angst, unglücklich zu werden. So greift die Frau nach dem, was ihr das Glück verspricht, und sie gibt davon auch ihrem

Mann, nicht weil sie ihn mit hineinreißen will, sondern weil sie ihn liebt und deshalb auch ihm Zugang zum Glück ermöglichen will: Keine Geschichte der Gehässigkeiten, sondern eine Geschichte voller Angst, gutem Willen, Liebe und Tragik.

Jetzt gehen beiden die Augen auf und sie erkennen in der Tat den Unterschied. Denn durch den Blick der Angst hat sich die ganze Welt verändert: aus dem liebenden, Leben schenkenden und erhaltenden Gott ist ein Rivale geworden, der dem Menschen das Glück vorenthält und grausam und maßlos straft; aus dem paradiesischen Garten voller Möglichkeiten ist ein Acker geworden, dem man mühselig das Leben abtrotzen muß; aus dem bereichernden und ergänzenden Unterschied der Geschlechter ist ein unerträglicher und zum Streit führender Gegensatz geworden; aus der Welt, die Heimat sein kann und soll, ist eine Fremde geworden, in die man sich hinausgestoßen fühlt; und aus dem unbefangenen Dasein ist eine Existenz geworden, derer man sich schämen muß. Der Wechsel der Sicht hat sich in einem totalen Wechsel des existentiellen Grundgefühls vollendet. Fortan wird es nur noch um die Frage gehen können: Wie kann ein Mensch zur Sicht- und Erlebnisweise des Vertrauens zurückfinden, so daß er anders handeln kann, als er derzeit handeln zu müssen glaubt?

Wie wenig bleibt doch von dem kleinlichen, oberflächlichen und moralisierenden Sündenverständnis, wenn man sich den Text der Sündenfallerzählung genauer ansieht. Das Wesen der Sünde besteht eben nicht in hochmütiger Auflehnung, in Ungehorsam oder im Drang, wie Gott sein zu wollen. Das *Wesen der Sünde* besteht vielmehr darin, daß der Mensch – von Angst überwältigt – die Wirklichkeit nicht mehr richtig einschätzen kann und deshalb so handelt, daß er immer mehr in einen Gegensatz zu sich selbst, zu seinen Mitmenschen und zur ihn umgebenden Natur gerät. Die Sündenfallerzählung ist eine Geschichte, die von großem Einfühlungsvermögen zeugt und mehr vom Menschen verstanden hat, als die kirchliche Moraldoktrin je zugelassen hat.

Was in der Erzählung als Dialog zwischen der Schlange und der Frau geschildert wird, müssen wir als Vorgang begreifen, der sich in uns selbst abspielt. Im Mythos wird die Schlange dem Wasser und dem Abgründigen zugeordnet, so daß sie geradezu als Symbol der Abgründigkeit der menschlichen Existenz verstanden werden kann. Die Tatsache, daß der Anfang unserer Existenz reiner Zufall ist und das Ende unausweichlich feststeht; die Tatsache, daß niemand weiß, wie lange die Zeit zwischen Geburt und Tod dauert; die Tatsache, daß dieses Leben zwischen Geburt und Tod ständig von Leid und Unglück bedroht ist; diese Tatsachen machen den Abgrund unserer Existenz aus, in den zu schauen die wahnsinnige Angst wecken muß, das Glück zu verpassen. So kann der Mensch kein Vertrauen zum Abgrund entwickeln, im Gegenteil, er muß fürchten, in den Abgrund zu stürzen und zerstört zu werden. So gerät er unter den Druck, sich selber Halt verschaffen zu müssen. Alle Verformungen unseres Lebens (»Sünde«) lassen sich letztlich als verzweifelte Versuche verstehen, der existentiellen Bedrohung etwas entgegenzusetzen. »Nur bei diesem Verständnis der Sünde vermeidet man es, das Verhältnis des Menschen zu Gott als eine Problematik von mangelndem gutem Willen, von Hochmut oder Ungehorsam zu bestimmen und damit das Gottesbild auf unheilvolle Weise moralisierend, autoritär und heteronom zu verzeichnen; nur so erreicht man es umgekehrt, den Begriff der ›Sünde‹ existentiell als Verformung des gesamten Daseins und nicht moralisch als Fehler des Willens oder Versagen des Handelns zu bestimmen; nur so kann man es vor allem vermeiden, daß die Religion selbst zu einer Institution der Fremdbestimmung, der verinnerlichten Gewalt und der potenzierten Angst mißrät.«[62]

Gegen die Angst der existentiellen Bedrohung hilft keine Moral und keine Willensanstrengung, dagegen hilft nur das Vertrauen in ein Aufgehoben- und Gehaltensein in einer bedingungslosen und unverlierbaren Liebe. Dieses Vertrauen ist weder eine Sache des Verstandes noch eine Sache des Willens, sondern Frucht von Erfahrungen, die in einem langen Reifungsprozeß gewonnen werden können. So stehen im Zentrum der Verkündigung Jesu keine moralischen Anweisungen und Appelle, sondern die Botschaft von der verschwenderischen, grenzenlosen Liebe Gottes und die Einladung, dieser Liebe zu trauen. Jesu Handeln ist davon bestimmt, die Menschen diese Liebe erfahren zu lassen und ihnen so die Kehre von der Angst zum Vertrauen zu ermöglichen.

22 Die Grunderfahrung Jesu

Die durchschnittliche Lebenserwartung lag zur Zeit Jesu zwischen 30 und 35 Jahren. Bei dem öffentlich auftretenden Jesus haben wir es demnach mit einem Mann zu tun, der den größten Teil seines Lebens bereits hinter sich hatte. Sein unauffälliges Leben bis zu diesem Zeitpunkt kann als persönlicher Entwicklungs- und Reifungsprozeß verstanden werden, als Gottsuche, die ihn schließlich zu dem apokalyptischen Prediger und Täufer Johannes an den Jordan führte.

Johannes verkündete das baldige Kommen der Gottesherrschaft als Tag des Gerichtes, bei dem die Guten, Reinen und Frommen belohnt, die anderen aber dem ewigen Zornfeuer überliefert werden. Mit dieser Vorstellung »bietet (er) den Allgemeinfall der Religionsgeschichte, den letzten Fall des moralischen Gottes: Gott darf sich nur nahen, wer Gottes würdig ist. Der Zutritt zum Heiligtum verlangt die Erfüllung bestimmter Bedingungen, kultischer Vorschriften und sittlicher Gebote.«[63] Darum bietet Johannes Rettung vor der drohenden Vernichtung durch seine Taufe zur Vergebung der Sünden an.

Ich gehe davon aus, daß Jesus ein aufrichtiger Mensch war, der seine Umgebung nicht über seine wahren Gedanken und Beweggründe täuschte. Wenn er also Johannes dem Täufer zuhört und sich von ihm taufen läßt, dann doch wohl deshalb, weil er dessen Botschaft akzeptiert. Durch seine persönliche Entwicklung und Reifung vorbereitet, und durch den aufrichtigen Vollzug des Rituals wird ihm das Tauchbad allerdings zu einer entscheidenden und alles verändernden Gotteserfahrung. Denn im Ritual des Tauchbades findet seine Entwicklung einen symbolischen und mit elementaren Körpererfahrungen verbundenen Ausdruck: Sterben und Neuwerden. Dem Eintauchen in das Wasser entspricht das Eintauchen in die unbewußten Tiefenschichten der menschlichen Person, die allein existentiell berührende Erfahrungen ermöglichen. Eine solche Erfahrung macht Jesus. Er sieht den Himmel offen (Markus 1,10), erhält also Einblick in eine andere Welt, in der Gott ihm und er Gott nahe sein kann. Es tun sich ihm Einsichten auf, die seine ganze Weltsicht verändern. Er sieht geradezu, wie Gottes schöpferische, belebende, entfaltende, heilende und stärkende Lebenskraft wie eine Taube, dem Symbol göttlichen Friedens, in ihn herabsteigt, ein tiefer innerer Frieden als Grundlage einer kraftvollen Persönlichkeit. Verändert, voll dieser Lebenskraft (Lukas 4,14) wird Jesus aus diesem Erlebnis hervorgehen.

»Immer, wenn ein Mensch zu fühlen beginnt, was mit seinem Dasein gemeint sein könnte, wird er den Eindruck einer inneren Fügung und Vorherbestimmung gewinnen, so als wenn sich mit seinem Leben ein Plan erfüllen würde, der seit Ewigkeit begonnen wurde und nun in seine Wahrheit träte. ... Entscheidend aber ist, daß dieses Schicksal vom Ich als etwas empfunden wird, das nicht als Verhängnis, sondern als Gnade, nicht als Fluch, sondern als Segen von Gott gegeben wurde. Ein Gefühl tiefer Geborgenheit und dankbaren Vertrauens, einer absoluten Versöhntheit und Ausgesöhntheit durchzieht ein solches Visionserlebnis, ein Empfinden der Ruhe und des Behütetseins.«[64] Es ist Ausdruck dieses Empfindens, wenn Jesus inmitten seines Erlebnisses Gottes Liebeserklärung an sich wahrnimmt: »Du bist mein Sohn. Geliebter, an dir habe ich Gefallen« (Markus 1,11). Eine beglückende und in doppelter Hinsicht Identität stiftende Erfahrung wird gemacht, denn Jesus begreift sich als Geliebter, als Sohn Gottes, »für jüdische Ohren ohne jeden Nebengedanken an eine physische Abstammung von Gott«[65]. Kann es etwas Wunderbareres, Befreienderes und Tragenderes geben, als sich in solcher Totalität geliebt zu wissen, wie es nur von Gott her geschehen kann? Gleichzeitig erfährt Jesus darin die wahre Identität Gottes: er ist ein Verliebter, ein verschwenderisch Liebender. Das gibt ihm die durch nichts mehr zu erschütternde Sicherheit, diese Liebe allen Menschen zusagen und vermitteln zu können und zu müssen.

Jetzt setzt sich Jesus von den Vorstellungen Johannes des Täufers ab und beginnt eine eigene Verkündigungstätigkeit, die sich radikal von der Botschaft des Täufers unterscheidet. »Er reißt die Zäune, die die Religion zwischen Gott und Mensch und entsprechend zwischen Mensch und Mensch aufgerichtet hat, nieder und bekundet eine grenzenlose Offenheit. Er ladet vorurteilslos ein: die Armen, die vor lauter Arbeit keine Zeit für Religion haben, ebenso wie die Reichen, die sich mit Geld oder Politik ihre Hände schmutzig gemacht haben; die Gesunden, die keinen Arzt zu brauchen meinen, ebenso wie die Kranken, die vergeblich nach einem Arzt suchen; die Gerechten, die ihre guten Werke vor Gott aufzählen, ebenso wie die Ungerechten, die kaum zu Gott aufzublicken wagen; die Frommen, die nur ihresgleichen am Tisch dulden, ebenso wie die Sünder, die draußen vor der Tür bleiben müssen.«[66] Gegen alle moralistischen Vorstellungen liebt der Gott Jesu Gerechte und Ungerechte, Gute und Böse (Matthäus 5,45), eine »Gnadengleichmacherei«, die jeden Leistungsmenschen, besonders den »Religionsleister« empören muß.

Ohne diese grundlegende, identitätstiftende Gotteserfahrung kann Jesu öffentliches Wirken nicht verstanden werden. Denn sie bestimmt seinen Umgang mit Gott, seinen Umgang mit den Menschen und seine Selbstverwirklichung als freier, aufrichtiger und liebender Mensch. So bestimmt sie auch seinen Umgang mit Moral und den Schulderfahrungen von Menschen.

23 Die Grundeinstellung Jesu

Auffällig ist Jesu souveräner Umgang mit heiligen Ordnungen, Traditionen und Autoritäten. Er hat keine Scheu, von der offiziellen Lehrmeinung abweichende Vorstellungen zu äußern und zu vertreten. Er wendet vorgegebene Verhaltensregeln nicht bedenkenlos an, sondern trifft eigene Entscheidungen, indem er immer wieder nach dem Willen Gottes zurückfragt und Weisungen daraufhin überprüft, ob sie dem Willen Gottes entsprechen und der Entfaltung der Menschlichkeit dienen. Kenntnis des Willens Gottes erhält er nicht aus theologischen Bibliotheken oder durch autorisierte Amtsträger, sondern aus eigenen Erfahrungen mit Gott, die er immer wieder in der Absonderung und Stille sucht. Für ihn gibt es darum nur eine Autorität, der er sich verpflichtet weiß: Gott allein! Allen anderen Autoritäten gegenüber ist Vorsicht angebracht. »Also ist es gottwidrig, sich vor Menschen zu beugen, auch wenn sie Gottes Autorität für sich beanspruchen.«[67] Diese Vorsicht rät er auch den anderen:

8 Ihr aber sollt euch nicht Rabbi nennen lassen, denn einer ist euer Meister, ihr alle aber seid Brüder. 9 Auch sollt ihr niemand unter euch auf Erden Vater nennen, denn einer ist euer Vater, der im Himmel.
(Matthäus 23,8 f.)

Das ist sicherlich kein Wort gegen höfliche Anreden, wohl aber ein Wort gegen den Herrschaftsanspruch, der hinter solchen Titeln steckt. Die maßgebliche Vaterautorität kommt Gott allein zu. Von ihm durchherrscht, kann der Mensch frei werden und zur eigenen Identität finden. Von anderen Autoritäten beherrscht, verliert der Mensch seine Würde und Berufung. Von Gott durchherrscht, können die Menschen einander als Geschwister (Matthäus 23,8) mit gleichem Wert und gleichem Rang begreifen. Dieses Wort von der Allein-Autorität Gottes und der Gleichrangigkeit aller Menschen erlaubt keine geistliche Herrschaft, auch keine, die in einer Art Etikettenschwindel ihre Machtausübung als Dienst-Leistung deklariert. Vielmehr propagiert Jesus die geschwisterliche Gemeinschaft, in der jeder persönlich Gott nahe sein kann und in der wahr wird, was der Prophet Jeremia erträumte: »Dann brauchen sie sich nicht mehr gegenseitig zu belehren und einer zum anderen zu sagen: ›Erkennet Jahwe!‹ Sondern sie alle werden mich erkennen, klein und groß, spricht Jahwe«. (Jeremia 31,34).

In gleiche Richtung zielt auch Jesu Einladung und Ermunterung, dem eigenen Urteil zu trauen:

57 Warum aber beurteilt ihr nicht auch von selbst, was recht ist?
(Lukas 12,57)

Während die Autoritäten dem einzelnen die Urteilsfähigkeit absprechen und ihn hinsichtlich seiner eigenen Wahrnehmung verunsichern, befürwortet Jesus Selbständigkeit und Eigenverantwortung. Jeder Mensch hat grundsätzlich die Möglichkeit, aus sich selbst heraus zu beurteilen, was recht ist. Dafür bedarf er weder eines komplizierten Theologiestudiums noch der Legitimation eines geistlichen Amtes, noch sonstiger Spezialisten, sondern er braucht lediglich ein offenes Herz:

8 Selig, die reinen Herzens sind, denn sie werden Gott schauen.
(Matthäus 5,8)

In der Gotteserkenntnis setzt Jesus nie auf den klugen Verstand oder ein mit Unfehlbarkeit ausgestattetes Amt, sondern auf das reine, unverdorbene Herz. Es wäre ein schreckliches Mißverständnis, diesen Begriff moralisch zu deuten. Rein und unverdorben ist vielmehr das offene, integre Herz, das durch keine Ideologie und keine Angst blockiert ist.

In bioenergetischen Übungen habe ich schon häufig beobachten und erfahren können, wieviel geduldige Vorarbeit nötig ist, damit ein Mensch sein Herz öffnen und Erfahrungen an sich heranlassen kann. Denn verletzende Erfahrungen in der Kindheit haben die meisten von uns dazu gezwungen, ihr Herz zu verschließen und abzupolstern, damit es nicht noch mehr verwundet wird. Der Kopf soll statt dessen alles kontrollieren, um Gefahren abzuwenden. Diese einseitige »Kopforientierung« und das damit verbundene Abschließen von den eigenen Tiefenschichten und Emotionen bedeutet aber gleichzeitig eine erhebliche Einschränkung unserer Wahrnehmung. Vieles kann uns dann nicht mehr erreichen, wir lassen uns ja nicht mehr »treffen«! Ich glaube, dies ist ein wesentlicher Grund für unseren Mangel an Gotteserfahrung. Unser Wahrnehmungsorgan für Gott ist wenig geschult, dafür aber sehr stark blockiert.

Ein offenes Herz ist keine Frage der Schulbildung, sondern der Persönlichkeitsentwicklung und -bildung. Es hängt davon ab, ob ein Mensch in einer Atmosphäre groß geworden ist, in der er sich vertrauensvoll öffnen konnte, und davon, wieweit die intuitiv-empfänglichen Seiten seiner Persönlichkeit entwickelt sind. C. G. Jung hat darauf hingewiesen, daß es in jedem Menschen männliche und weibliche Anteile gibt, die er wesentlich mit dem Bewußten, Rationalen und aktiven Machenwollen einerseits und dem Unbewußten, Emotionalen und Empfänglichen andererseits gleichsetzt. Existentielle Erfahrungen, wie Jesus sie z. B. bei seiner Taufe machte, sind sicherlich wesentlich geschenkhafte Erfahrungen, die dem intuitiv-emotionalen Bereich möglich sind. Davon glücklich erfüllt, preist Jesus Gott, dem es gefällt, sich auf diese Weise dem Menschen zu offenbaren:

21 In derselben Stunde jubelte er im Heiligen Geiste und sprach: »Ich preise dich, Vater, Herr des Himmels und der Erde, daß du dies vor Weisen und Klugen verborgen, Einfältigen aber geoffenbart hast. Ja, Vater, so war es wohlgefällig vor dir.«

(Lukas 10,21)

Wenn ich diese Grundausrichtung Jesu zusammen betrachte, dann erscheint er mir als integrierte und emanzipierte Persönlichkeit, die dem existentiellen Gewissen folgt. So zu werden, dies will er auch anderen ermöglichen. Darum setzt er auf die intuitiven Kräfte im Menschen; darum rät er, der eigenen Wahrnehmung zu trauen und sich ein eigenes Urteil zu bilden, frei von Autoritätsangst und -abhängigkeit, allein der persönlichen Weisung Gottes verpflichtet.

Mit dieser Haltung gerät er natürlich in Gegensatz zu allen Autoritäten, die ihren Machtanspruch geltend machen wollen und die starre Moral repräsentieren. »Am deutlichsten wird dieser Gegensatz beim Begründer einer neuen religiösen oder ethischen Entwicklung, der immer ein ›Verbrecher‹ war und als ein solcher angesehen werden mußte. Abraham, der die Götzen seines Vaters zerschlug, die Propheten, welche die national-religiöse Gesinnung des jüdischen Volkes, Jesus, der das alte Gesetz, und Luther, der den Katholizismus auflöste, alle wurden sie ebenso als Verbrecher angesehen wie Sokrates, der ›neue Götter‹ einführte, oder Marx und Lenin, die eine alte Gesellschaftsordnung zu vernichten begannen. Der Revolutionär jeder Art steht immer auf seiten der inneren Stimme und gegen das Gewissen seiner Zeit, das jeweils Ausdruck der alten herrschenden Werte ist, und die Hinrichtung dieses Revolutionärs geschieht immer aus ›ethischen‹ und guten Gründen.«[68] So stirbt auch Jesus am Rebellenkreuz, das die Mächtigen ihm zimmerten.

24 Wie Gott zur Schuld und zum Schuldigen steht

Jesus verkündet, daß die Gottesherrschaft hier und jetzt Wirklichkeit werden kann, wenn ein Mensch sich von der totalen und bedingungslosen Liebe Gottes erfassen und durchherrschen läßt. Sein ganzes Bemühen zielt deshalb darauf ab, den Menschen Vertrauen auf diese Grundtatsache ihres Lebens zu schenken. Die Grunderfahrung Jesu von Gott als einem verschwenderisch Liebenden wird durch ein weiteres visionäres Erlebnis unterstützt:

18 Er sprach zu ihnen: »Ich sah den Satan wie einen Blitz vom Himmel fallen.«

(Lukas, 10,18)

Dieses merkwürdige Wort vom Sturz des Satans ist im Lukas-Evangelium in einen Zusammenhang geraten, in dem es logisch nicht mehr stimmt. Denn es wirkt wie eine Erklärung Jesu dafür, daß die Dämonen den Jüngern gehorchen, was diese in freudiges Erstaunen versetzt hatte (Lukas 10,17). Die Krankheitsdämonen wurden aber nie mit Satan in Verbindung gebracht, weshalb seine Entmachtung die heilende Wirksamkeit der Jünger nicht erklären kann. Das hebräische Wort ›satan‹ bezeichnet vielmehr im ganz profanen Sinn den Widersacher, den Gegner, insbesondere den Widersacher vor Gericht, den Ankläger. »Seit der nachexilischen Zeit begegnet auch die Vorstellung, daß nicht nur beim menschlichen, sondern auch beim göttlichen Gericht ein Ankläger auftritt. Man dachte sich Gott nach Art eines irdischen Königs von einem himmlischen Hofstaat umgeben. Unter seinen Dienern übt einer das Amt des Anklägers, des satan aus, der sich zur Rechten des Angeschuldigten stellt (Sacharja 3,1; Psalm 109,6). Er hat die Aufgabe, für die Ordnung in der Welt Gottes zu sorgen und die Störer der Ordnung vor Gottes Gericht zu ziehen. In dieser besonderen Rolle des Anklägers erscheint der Satan in der Vision Sacharja 3.«[69]

Das Alte Testament sieht im Satan nicht den Konkurrenten, der mit Gott um die Weltherrschaft kämpft, sondern einen der Söhne Gottes (Ijob 1,6), der als himmlischer Staatsanwalt für die korrekte Vergeltung menschlicher Schuld zu sorgen hat. Wenn Jesus nun wahrnimmt, daß Gott diesen Ankläger aus dem Himmel hinauswirft, dann hat sich die Funktion des Satans für Gott offenbar erübrigt. »Satan wird zukünftig nicht mehr nur von Fall zu Fall an seiner Anklage gehindert (vgl. Jub 48,15. 18), er hat seinen Platz vor Gott für immer verloren.«[70] Gott will und braucht keinen Ankläger. Zwar gibt es immer noch Mißstände, Fehlverhalten und Störungen der Ordnung Gottes; aber es ist ein anderer Umgang mit der Schuld der Menschen angesagt. An die Stelle des verurteilenden und strafenden Gerichtsverfahrens tritt »ärztliches« Heilen, das die Ursachen verstehen und ausheilen will.

Aus dieser Erfahrung heraus macht Jesus in seinem Reden und Handeln deutlich, wie sich die Menschen vor Gott verstehen dürfen und sollen: nicht als ängstlich gebeugte Angeklagte, sondern als Eingeladene, denen ein aufrichtiges und darum aufrichtendes Willkommen gilt:

Mahl mit den Sündern

15 Und es begab sich, daß er in seinem Hause zu Tische lag, und viele Zöllner und Sünder lagen auch zu Tische mit Jesus und seinen Jüngern. Denn es waren viele, die ihm nachfolgten. 16 Als nun die Schriftgelehrten der Pharisäer sahen, daß er mit den Sündern und Zöllnern aß, sagten sie zu seinen Jüngern: »Mit den Zöllnern und Sündern ißt er?« 17 Das hörte Jesus und sprach zu ihnen: »Nicht die Gesunden brauchen den Arzt, sondern die Kranken. Ich bin nicht gekommen, Gerechte zu berufen, sondern Sünder.«
(Markus 2,12–17; Matthäus 9,10–13; Lukas 5,29–32)

Jesus pflegt die Gastfreundschaft. Gerade diejenigen, deren Schuld nicht zu leugnen und öffentlich bekannt ist, zählen zu seinen Gästen, sind die von ihm Eingeladenen, mit denen er gemeinsam Mahl hält. Die Tischgemeinschaft stand unter dem besonderen Segen Gottes und verpflichtete einander zu Freundschaft und gegenseitigem Schutz. Jesu Mahlgemeinschaft mit den Sündern war darum in den Augen der Etablierten eine schockierende Verbrüderung mit dem verachteten und gemiedenen »Ausschuß« der Gesellschaft. Jene beschimpfen ihn deshalb als Fresser und Säufer, als Kumpan der Zöllner und Dirnen (Matthäus 11,16). Bei Jesus zeigt sich »ein deutlicher ›Zug nach unten‹: Seine Einladung ergeht vor allem an die, die auf der Schattenseite des Lebens wohnen, deren Existenz sich an der unteren Kante der menschlichen Gesellschaft bewegt. Er ruft die Unbehausten von den Straßen und Zäunen herein, er läßt die Kinder zu sich kommen, er tröstet die Mühseligen und Beladenen, er nimmt die Kleinen vor den Mächtigen in Schutz, er verkehrt mit moralisch Verdächtigen und politisch Unzuverlässigen und droht den Theologen und Pharisäern, daß die Zöllner und Dirnen vor ihnen in das Reich Gottes eingehen werden. Celsus, der erste große Spötter über das Christentum, hat deshalb den Gott der Christen mit einem Räuberhauptmann verglichen, der eine Verbrecherbande um sich sammle. Mit dem Scharfblick des Feindes ist hier der Kernpunkt herausgegriffen, wird das Neue, Fremdartige, ganz und gar Andere erkannt, das alles, was die Menschen sonst über Gott denken, auf den Kopf stellt, das aller Religion stracks entgegen ist und jeder Moral ins Gesicht schlägt.«[71]

Das Schlimmste an diesem Verhalten aber ist, daß Jesus wagt, all dies als Gottes Wille zu erklären. Den entsetzten Schriftgelehrten erklärt er seinen auffallend anderen Umgang mit schuldig gewordenen Menschen als ärztliches Vorgehen. Jesu Einstellung zum schuldig gewordenen Menschen ist die eines *Arztes* und nicht die eines *Richters*. Darum will er auch die »Bösen« nicht ausgrenzen, sondern einladen: Eine wunderbar neue Botschaft und ein erlösend neues Verhalten, das den Menschen aus dem Blickwinkel grenzenloser Liebe betrachtet und ihn mit dieser Liebe von innen heraus heilen will. So versteht Jesus Gottes Intention und so praktiziert er sie selbst.

Es ist traurig und erschreckend, daß diese neue Haltung in der *institutionalisierten* Kirche nur selten überleben konnte. Zwar gab und gibt es z. B. Seelsorger, die sich in diesem ärztlichen Sinn heilsam um Menschen bemühen; aber das darf nicht darüber hinwegtäuschen, daß dies ihnen nur in einem ständigen Konflikt mit offiziellen Vorschriften und Vorstellungen möglich ist. Denn die amtliche Haltung geht von der Ausgrenzung der Schuldiggewordenen aus bzw. von der stillschweigenden »Erledigung« der jeweiligen »Fälle«. Während Jesus Mahlgemeinschaft mit den Sündern hält, werden in der katholischen Kirche z. B. wiederverheiratete Geschiedene von der Mahlgemeinschaft der Gemeinde Jesu ausgeschlossen. Die Kirche ist durch und durch vom moralistischen Richtgeist geprägt, der darauf aus ist, Böses und Böse aufzuspüren und darüber zu urteilen.

Anders dagegen die Psychotherapie: In ihr kann sich der Mensch als Eingeladener verstehen und sich von einem Wohlwollen umgeben erleben, das ihn nicht bloßstellen und richten, sondern verstehen und heilen will. Kein Wunder, daß das Sprechzimmer des Therapeuten dem Beichtstuhl vorgezogen wird, nicht weil die Menschen – wie immer wieder unterstellt – sich vor ihrer Schuld drücken wollen, sondern weil sie Hilfe zum Leben suchen und in der therapeutischen Haltung den Geist Jesu wiederfinden, den sie in der institutionalisierten Kirche schmerzlich vermissen. »Die Welt empfindet die Christenheit, besonders die in Kirchen verfaßte, etwa so wie Jesus die Pharisäer erlebt hat: professionell Fromme, die viel von Gott und seinen Gesetzen reden, aber wenig Herzenswärme ausstrahlen, weder Güte noch Freude.«[72]

Mit nüchternem Realismus hat Jesus sich nicht auf das aussichtslose Unterfangen eingelassen, die Institution verändern zu wollen. In regelrechter »Abwerbung« hat er vielmehr auf eine Alternative aufmerksam gemacht:

28 »Kommt zu mir alle, die ihr mühselig und beladen seid: Ich will euch erquicken. 29 Nehmt mein Joch auf euch und lernt von mir, denn ich bin sanftmütig und demütig von Herzen, und ›ihr werdet Ruhe finden für eure Seelen‹. 30 Denn mein Joch ist sanft und meine Last leicht.«

(Matthäus 11,28–30)

Aus der eigenen Gotteserfahrung heraus weiß Jesus, wo und wie Menschen Ruhe für ihre Seele finden können. »Obwohl bei religiösen Menschen weithin die Meinung herrscht, je schwerer eine Religion, desto wohlgefälliger sei sie Gott, wagt Jesus laut zu sagen: Ich will euch aufatmen lassen. Sein Gott will die Menschen nicht belasten, sondern befreien.«[73] Das ist auch heute – beinahe 2000 Jahre später – noch eine überraschende Botschaft, eine Alternative zur belastenden Gottesvorstellung und religiösen Praxis einer moralistisch verzerrten Religion – und auch zu einer die Ordnung bürgerlichen Lebens mit allen Mitteln aufrechterhaltenden gesellschaftlichen Moral. Zwar wird auch in der traditionellen Verkündigung die Weisung Gottes als befreiend dargestellt; aber ohne entsprechende Eigenerfahrung wird daraus in der kaum zu entwirrenden Vermischung von Weisungen Gottes und kirchenamtlichen Verordnungen wieder eine moralische Verpflichtung in dem Sinne: Nun begreift endlich, daß nur Gottes Weisung wahre Freiheit schenkt und beachtet deshalb gehorsam, was die Kirche als aus dem Willen Gottes geboten vorschreibt.

Befreiung als allein denkerische und willentliche Leistung? Da bleibt nichts mehr von jenem tatsächlichen Aufatmen und Ruhigwerden im Raum absoluter Geborgenheit. Jesus war kein Volksverdummer, der Entmündigten die Last von Vorschriften als »süße Last« aufschwätzen wollte, sondern ein aufrichtiger Heiler, der Menschen vom Joch der vielen äußeren Stimmen zum Hören auf die innere Stimme befreien wollte. Von ihm können und sollen wir lernen, existentielle, mit sich versöhnte Menschen zu werden.

Befreiend und andererseits provozierend ist es, was Jesus von Gottes Umgang mit sogenannten Sündern erzählt, befreiend für alle, die Angst vor dem richtenden Blick und Urteil haben, provozierend für alle, die Glaube mit Leistung verwechseln.

Das verlorene Schaf

4 »Wer von euch, der hundert Schafe hat und eines von ihnen verliert, läßt nicht die neunundneunzig in der Wüste und geht dem verlorenen nach, bis er es findet? 5 Und wenn er es gefunden hat, legt er es voll Freude auf seine Schultern; 6 und wenn er nach Hause kommt, ruft er seine Freunde und Nachbarn zusammen und sagt zu ihnen: ›Freut euch mit mir, denn ich habe mein Schaf gefunden, das verloren war.‹ 7 Ich sage euch, so wird im Himmel mehr Freude sein über einen einzigen Sünder, der umkehrt, als über neunundneunzig Gerechte, die der Umkehr nicht bedürfen.

Die verlorene Drachme

8 Oder welche Frau, die zehn Drachmen hat und eine Drachme verliert, zündet nicht ein Licht an und kehrt das Haus und sucht sorgfältig, bis sie (sie) findet? 9 Und hat sie (sie) gefunden, so ruft sie ihre Freundinnen und Nachbarinnen zusammen und sagt: ›Freut euch mit mir, denn ich habe die Drachme gefunden, die ich verloren hatte.‹ 10 So, sage ich euch, wird bei den Engeln Gottes Freude sein über einen einzigen Sünder, der umkehrt.«

(Lukas 15,4–10)

In allen Religionen suchen *Menschen* Gott; hier aber wird erzählt, daß *Gott* den Menschen sucht, weil er ihn in seiner Liebe bergen will. Das ist kein richterliches Vorgehen, das straffällig Gewordene zur Fahndung ausschreibt, um sie der gerechten Strafe zuzuführen, das ist vielmehr das Vorgehen eines unendlich Liebenden, der schmerzlich den Verlust erlebt. Beide Gleichnisse zeigen ein auffälliges Desinteresse an der Vorgeschichte des Verlorengehens. Wie prächtig z. B. ließ sich moralistisch die Vorgeschichte des verlorenen Schafes ausschlachten: seine Eigensinnigkeit, sich von der Herde zu lösen und eigene Wege zu gehen, die ja nur ins Verderben führen kann. Nichts davon!

Statt dessen wird Gott mit einer armen Frau verglichen,

die auf den Knien durch ihr Haus rutscht, um einen verlorenen Groschen wiederzufinden. Gerade der Mensch, der sich selbst so wertlos wie dieser Groschen vorkommt, soll wissen, daß er für Gott überaus kostbar und jeder Mühe wert ist. Dem verlorenen Menschen in seinem Selbst- und Orientierungsverlust, in seinem Gefühl des Unwert- und Verworfenseins, in seiner Verirrung und Verwirrung wird kein Vorwurf gemacht, auch kein unterschwelliger. Vielmehr ist die Wiederbegegnung von einer unbändigen Freude gekennzeichnet, die sich einfach mitteilen muß, weil sie gar nicht anders kann. Das Wiederfinden, das den Prozeß des Suchens zum Erfolg macht, ist Grund der Freude, nicht eine irgendwie geartete moralische Vorleistung der Verlorenen!

So ist Gott, sagt Jesus. – Eine solche Vorstellung von Gott muß die nach dem Maßstab von Recht und Gerechtigkeit Denkenden provozieren. »Bei Euch muß man mindestens geschieden sein oder ein uneheliches Kind haben, um etwas zu gelten«, meinte einmal ein gerechter Frommer im Gespräch mit mir. Er fühlte sich schon dadurch provoziert, daß ich, Vertreter der Kirche, solche Menschen nicht verurteilte. Ein von der Liebe Gottes ergriffener Mensch könnte sich darüber freuen, mitfreuen, daß auch diesen Menschen das Geschenk der Liebe Gottes zuteil wird. Ein nur in Kategorien des Rechts denkender religiöser Leistungsmensch wird sich über diese Ungerechtigkeit ärgern. Nicht Lohn für die Guten und Strafe für die Bösen, sondern Liebe für alle – so ist Gott, sagt Jesus: Er läßt die Sonne seiner Liebe über Böse und Gute scheinen (Matthäus 5,45).

In der Kainschen Daseinserfahrung, in der einer den anderen als Konkurrenten im Ringen um Anerkennung und Gunst empfindet, verletzt solches Reden von Gott bürgerliches Rechtsempfinden. Den Armen, die keinen Anspruch auf Liebe nachweisen können, wird solches Reden zum aufrichtenden Wort, zur Freudenbotschaft; den Besitzenden aber, die auf eine fromme Leistungsbilanz verweisen können, wird es zum Ärgernis, an dem sie sich stoßen. So wird immer wieder Gottes Gerechtigkeit eingefordert und auf Gerichtsdrohungen in den Evangelien hingewiesen, obwohl die doch hoch geschätzte historisch-kritische Bibelauslegung diese Passagen als Überarbeitungen der Evangelisten ausweist.

Ich gehe davon aus, daß Jesus sich nicht selbst widersprochen hat und Gott einmal als heilenden Arzt und ein anderes Mal als rächenden Richter darstellte. Beide Vorstellungen zu harmonisieren geht nur mit theologischem Brecheisen, das auch noch die letzten Ungereimtheiten und Widersprüche einebnet, aber nicht den Anspruch auf Jesustreue erheben kann. Jesus hat die provokative Sprengkraft seiner Gotteserfahrung nicht überspielt. Im Gegenteil, er betont sie noch extra, wenn er erzählt:

Das Gleichnis von den Arbeitern im Weinberg

1 »Denn mit dem Himmelreich ist es wie mit einem Hausherrn, der früh am Morgen ausging, um Arbeiter für seinen Weinberg zu dingen. 2 Er vereinbarte mit den Arbeitern einen Denar für den Tag und schickte sie in seinen Weinberg. 3 Und als er um die dritte Stunde ausging, sah er andere müßig auf dem Markte stehen 4 und sagte zu denen: ›Geht auch ihr in meinen Weinberg, und was recht ist, werde ich euch geben.‹ 5 Und sie gingen hin. Um die sechste und neunte Stunde ging er noch einmal aus und tat ebenso. 6 Und als er um die elfte Stunde ausging, fand er nochmals andere dastehen und sagte zu ihnen: ›Was steht ihr hier den ganzen Tag müßig?‹ 7 Sie antworteten ihm: ›Weil niemand uns gedungen hat.‹ Da sprach er zu ihnen: ›Geht auch ihr in den Weinberg.‹ 8 Als es nun Abend geworden war, sagte der Herr des Weinbergs zu seinem Verwalter: ›Ruf die Arbeiter und zahle ihnen den Lohn aus, fange bei den letzten an bis zu den ersten.‹ 9 Und es kamen die von der elften Stunde und erhielten je einen Denar. 10 Als nun die ersten kamen, meinten sie, sie würden mehr bekommen. Und auch sie erhielten je einen Denar. 11 Und da sie ihn erhielten, murrten sie gegen den Hausherrn 12 und sagten: ›Diese letzten da haben eine Stunde gearbeitet, und du hast sie uns gleichgestellt, die wir die Last des Tages getragen haben und die Hitze.‹ 13 Er aber erwiderte einem von ihnen und sprach: ›Mein Lieber, ich tu dir kein Unrecht. Hast du nicht mit mir einen Denar vereinbart? 14 Nimm das Deine und geh. Ich will aber diesem letzten geben wie dir. 15 Oder darf ich mit dem Meinen nicht tun, was ich will? Oder ist dein Auge böse, weil ich gut bin?‹«

(Matthäus 20,1–15)

»Gleichnis von der großen Ungerechtigkeit« wäre wohl der angemessene Titel für diese Geschichte. Selbst gutwillige Christen fühlen sich durch sie in ihrem Rechtsempfinden gestört. Daß diejenigen, die den ganzen Tag bei sengender Hitze in dem Weinberg gearbeitet haben, den gleichen Lohn erhalten wie die, die lediglich eine Stunde in der Kühle des Abends gearbeitet haben, muß jedem, der sich mit den Prinzipien der Leistungsgesellschaft identifiziert, gegen den Strich gehen. Zwar kann die historische Forschung anmerken, daß der Lohn von einem Denar weit über der durchschnittlichen Entlohnung liegt und somit alle Arbeiter Beschenkte sind. Aber es bleibt die Provokation, daß Lohn und Leistung nicht gerecht aufeinander abgestimmt sind, daß die Leistung überhaupt nicht angemessen gewertet wird. Der Gutsbesitzer hat anscheinend seine Freude daran, sein Geld freigebig unter den Leuten zu verteilen. So ist Gott, sagt Jesus. Er ist überhaupt nicht an einer gerechten Vergeltung interessiert, sondern »vergeudet« seine Liebe, weil er gütig ist (Matthäus 20,15). Wie schade um jeden, der sich darüber nicht von Herzen freuen kann, sondern ob der Güte Gottes neidisch, mißgünstig und ärgerlich wird.

Dieses Reden Jesu von Gott ist eine klare Absage an das moralistische System, denn es macht Gottes Wohlwollen und Liebe unabhängig von der Leistung des Menschen. Gott ist dem Menschen absolut gut, nicht weil der Mensch gut ist im Sinne von Gebots- und Erwartungserfüllung, sondern weil Gott liebt. Damit entfällt die Angst vor Strafe und Verwerfung als Motiv der Lebensführung. Ein Verlust? Manchen mag es bei dem Gedanken bekümmern, es könne sich herumsprechen, daß man Gottes Liebe nicht verlieren kann. Solche Menschen fürchten Angstfreiheit als Durchbruch des mühsam unterdrückten Bösen: Wenn der Mensch Gott und sein Gericht nicht mehr fürchte, breche das Chaos aus.

Wie sehr entlarvt sich da Moral als Scheinmoral, als mühsam errichtete Fassade, hinter der sich »Unrat« verbirgt und zum Ausbruch kommt, sobald die Mauer der Angst fällt. Natürlich kann dies passieren. Aber solcher Zusammenbruch spricht nicht gegen Angstfreiheit, sondern gegen die sinnlosen Versuche, dem Schatten durch Abspaltung, Angst und Unterdrückung beikommen zu wollen. Moral als Ergebnis existentieller Spaltung führt letztlich zu Intoleranz und Mißgunst – sich selbst und anderen gegenüber. Auch das hat Jesus in einer Geschichte aufgegriffen:

Der verlorene Sohn

11 Ferner sprach er: »Ein Mann hatte zwei Söhne. 12 Der jüngere von ihnen sagte zum Vater: ›Vater, gib mir den Anteil des Vermögens, der mir zukommt.‹ Da teilte er den Besitz unter sie. 13 Wenige Tage darauf packte der jüngere Sohn alles zusammen, zog fort in ein fernes Land und vergeudete dort sein Vermögen durch ein verschwenderisches Leben. 14 Nachdem er aber alles durchgebracht hatte, kam eine schwere Hungersnot über jenes Land, und er fing an zu darben. 15 Da ging er hin und verdingte sich an einen Bürger jenes Landes, und der schickte ihn auf seine Felder zum Schweinehüten. 16 Gerne hätte er sich den Magen gefüllt mit den Schoten, die die Schweine fraßen, aber niemand gab sie ihm. 17 Da ging er in sich und sprach: ›Wie viele Taglöhner meines Vaters haben Brot im Überfluß, ich aber komme hier vor Hunger um. 18 Ich will mich aufmachen und zu meinem Vater gehen und zu ihm sagen: Vater, ich habe gesündigt gegen den Himmel und vor dir. 19 Ich bin nicht mehr wert, dein Sohn zu heißen; halte mich wie einen von deinen Taglöhnern.‹ 20 Und er machte sich auf und ging zu seinem Vater. Als er aber noch weit entfernt war, sah ihn sein Vater und wurde von Erbarmen bewegt, lief herbei, fiel ihm um den Hals und küßte ihn. 21 Der Sohn aber sprach zu ihm: ›Vater, ich habe gesündigt gegen den Himmel und vor dir; ich bin nicht mehr wert, dein Sohn zu heißen.‹ 22 Der Vater aber sprach zu seinem Knechte: ›Holt schnell das beste Kleid heraus und zieht es ihm an und gebt ihm einen Ring an die Hand und Schuhe an die Füße! 23 Holt das Mastkalb und schlachtet es! Wir wollen essen und fröhlich sein, 24 denn dieser mein Sohn war tot und ist wieder lebendig geworden; er war verloren und ist wiedergefunden worden.‹ Und sie fingen an fröhlich zu sein. 25 Sein älterer Sohn aber war auf dem Felde. Als er kam und sich dem Hause näherte, hörte er Musik und Tanz. 26 Da rief er einen der Knechte herbei und fragte, was das sei. 27 Der aber sagte ihm: ›Dein Bruder ist gekommen, und dein Vater hat das Mastkalb geschlachtet, weil er ihn gesund wiedererhalten hat.‹ 28 Da wurde er zornig und wollte nicht hineingehen. Doch sein Vater kam heraus und redete ihm zu. 29 Er aber gab dem Vater zur Antwort: ›Siehe, so viele Jahre diene ich dir und habe nie dein Gebot übertreten, und mir hast du nie ein Böcklein gegeben, um mit meinen Freunden zu feiern. 30 Jetzt aber, da dieser dein Sohn gekommen ist, der dein Vermögen mit Dirnen verpraßt hat, hast du ihm das Mastkalb geschlachtet.‹

31 Er aber sprach zu ihm: ›Sohn, du bist allezeit bei mir, und alles, was mein ist, ist dein. 32 Feiern aber und uns freuen mußten wir, denn dieser dein Bruder war tot und ist wieder lebendig geworden, er war verloren und ist wiedergefunden.‹«

(Lukas 15,11–32)

Es ist bemerkenswert, daß die meisten Hörer und Leser dieses Gleichnisses sich spontan mit dem älteren, zu Hause gebliebenen Sohn identifizieren. Seine Reaktion, seinen Ärger können sie gut verstehen, offenbar erkennen sie darin eigene Erfahrungen wieder. Der ältere Bruder ist ein typischer Vertreter der Menschen, deren Leben sich in Pflichterfüllung erschöpft. Es sind Menschen, die kaum noch eigene Bedürfnisse und Wünsche wahrnehmen. Schon gar nicht wagen sie, spontanen Impulsen und Gefühlen nachzugeben. Ihr Leben ist von Sachzwängen beherrscht, von Pflichten und Aufgaben, denen sie sich beugen müssen, ein Leben, in dem für Freude, sachlich nicht Notwendiges und »Unvernünftiges« kein Platz ist. Sie führen im Grunde ein fremdes, aufgedrücktes Leben.

So spricht aus den Worten des älteren Bruders sehr viel Bitterkeit, die ganze Bitterkeit ungelebten Lebens, die Bitterkeit mangelnder Übereinstimmung mit sich selbst. Natürlich kann er den Ausstieg seines Bruders aus den Pflichten und Sachzwängen nicht akzeptieren. Gerade derjenige, der sich selbst bekämpft, der nicht wagt, er selbst zu sein, wird nie tolerieren, daß ein anderer sich die Freiheit nimmt und seinen spontanen Impulsen folgt. Ihm bleibt nur das unterschwellige Gefühl, zu kurz zu kommen, eine latente Aggression, die in der Intoleranz und Unversöhnlichkeit ihren Ausdruck findet und anderen alles erdenklich Schlechte unterstellt. Gerade in christlichen Gemeinden habe ich dieses Klima erlebt, in dem in einer arroganten Selbstgerechtigkeit gehässige Gerüchte über Andersdenkende und Anderslebende verbreitet werden. Die Bitterkeit des ungelebten Lebens, der freudlosen Pflichtmoral, stößt und reibt sich neidisch an der Freiheit anderer.

Wie provozierend war und ist es da, daß in dieser Erzählung der Ausstieg des jüngeren Bruders mit keinem Wort verurteilt wird. Es scheint sogar, daß Jesus für diesen Menschen, der den Ausbruch wenigstens versucht, die größere Sympathie hegt. Ohne jeden Umstimmungsversuch und ohne jede Vorhaltung zahlt der Vater ihm das Erbe aus. Doch das Wagnis der Freiheit gelingt nicht. Denn der jüngere Bruder ist ein typischer Vertreter der Menschen, die Freiheit mit hemmungslosem Triebleben und Luststreben verwechseln. So verkörpern beide Brüder auch komplementäre Ängste: Der ältere verkörpert die Angst des Zwanghaften vor der Freiheit, die als triebhaftes Chaos gefürchtet wird; während der jüngere die Angst des Hysterikers vor der Ordnung verkörpert, die als tödliche Zwangsjacke gefürchtet wird. Eigentlich ist dieses Gleichnis eine unvollendete Geschichte, denn vor beiden Brüdern liegt die Aufgabe, ihre Persönlichkeit hin zu einer existentiellen Freiheit jenseits von Sach- und Triebzwängen zu entwickeln.

Völlig überraschend ist in dieser Geschichte das Verhalten des Vaters. Weder verurteilt er den Wunsch des Jüngeren, sich zu erproben, noch hält er ihm seinen Irrweg vor. Er gibt dem Heimkehrer nicht einmal Gelegenheit, sich zu demütigen. Von einfühlsamem Mitleid bewegt und ohne Angst vor einem möglichen Autoritätsverlust läuft er ihm entgegen, küßt ihn, nimmt ihn in die Arme und umhüllt ihn mit seiner Liebe wie mit einem Festgewand. So ist Gott, sagt Jesus, so geht er mit der Schuld von Menschen um.

Bei allen sonstigen Erfahrungen, wie mit der Schuld von Menschen umgegangen wird, hat Jesu Reden von Gott etwas Packendes und Bewegendes. Denn hier wird erlösend spürbar, daß Gott nicht an der Aufrechnung und Vergeltung einer wie auch immer gearteten Vergangenheit interessiert ist, sondern an der Ermöglichung von Zukunft. Hier wird spürbar, daß Freiheit bejaht und Irrtum und Versagen nicht verurteilt werden. Hier wird spürbar, daß die Menschwerdung des Menschen – getragen von einer grenzenlosen Liebe – das Ziel ist, daß Jesus mit gutem Grund einlädt, diesem Gott und der Botschaft von seiner überschwenglichen Liebe zu vertrauen. Hier wird erlebbar, daß vor Gott nichts verdrängt und verborgen werden muß, weil er mit großer Gelassenheit dem Bösen, dem Schatten, dem »Unkraut« gegenübersteht:

Das Gleichnis vom Unkraut

24 Ein anderes Gleichnis legte er ihnen vor und sprach: »Mit dem Himmelreich ist es wie mit einem Manne, der guten Samen auf seinen Acker gesät hatte. 25 Während aber die Leute schliefen, kam sein Feind, säte Unkraut dazwischen mitten unter den Weizen und ging davon. 26 Als aber die Saat aufging und Frucht ansetzte, kam auch das Unkraut zum Vorschein. 27 Da gingen die Knechte des Hausherrn hin und sagten zu ihm: ›Herr, hast du nicht guten Samen auf deinen Acker gesät? Woher hat er nur das Unkraut?‹ 28 Der aber antwortete ihnen: ›Das hat ein Feind getan.‹ Da fragten ihn die Knechte: ›Willst du nun, daß wir hingehen und es sammeln?‹ 29 Er aber sagte: ›Nein. Ihr könntet sonst beim Sammeln des Unkrautes zugleich damit auch den Weizen ausreißen. 30 Laßt beides miteinander wachsen bis zur Ernte; wenn dann die Ernte da ist, will ich den Schnittern sagen: Sammelt zuerst das Unkraut und bindet es in Bündel, um es zu verbrennen. Den Weizen aber bringt ein in meine Scheune.‹«

(Matthäus 13,24–30)

»Während die Endvorstellung der alten Ethik Teilung, Differenzierung und Aufspaltung war, wie es in der mythologischen Projektion des Jüngsten Gerichtes als Sonderung der Böcke von den Lämmern, der Guten von den Bösen formuliert wurde, ist das Leitbild der neuen Ethik die Vereinigung der Gegensätze in einer einheitlichen Struktur.«[74] Vor Gott braucht das Böse nicht gewaltsam entfernt zu werden, es darf sein, bis der Zeitpunkt seiner endgültigen Überwindung kommt, wo behutsam das Gute vom Bösen unterschieden werden kann – ohne die Gefahr, auch das Gute zu zerstören.

Diesen Gott darf und kann man voller Vertrauen »Vater« nennen. »Wer zu Gott Vater sagt, ruft nicht kindlich einen Urahn an, duckt sich auch nicht ängstlich oder schutzsuchend unter ein Über-Ich, sondern spricht mit Gott vertrauensvoll und intim wie ein Sohn mit seinem Vater oder wie ein Freund mit dem Freunde. Dieser Ausdruck der unmittelbaren Gemeinschaft mit Gott stellt eine mündige Menschheit in Aussicht, die, weil Gott ihr Vater sein will, sich untereinander als Bruderschaft versteht. Welche gesellschaftskritische Kraft hätte von solcher Verkündigung Gottes als Vater ausgehen können, anstatt alle möglichen und unmöglichen menschlichen Ansprüche auf gottväterliche Autorität, voran Familien-, Landes- und Kirchenväter, zu rechtfertigen und ihre Institutionen zu befestigen... Wo Gott als Vater oder gar als Freund erfahren und geglaubt wird, dort hat sich mehr als nur der Tod des moralischen Gottes ereignet, dort ist das gegenseitige gott-menschliche Drama ans Ziel gelangt.«[75] Gerade darum betont Jesus in seiner Darstellung Gottes als Vater so sehr dessen mütterliche Züge.

25 Wie Jesus mit Schuldigen umgeht

Alle Evangelien berichten übereinstimmend, daß Jesus sich gern und oft in »schlechter Gesellschaft« aufhielt. Er galt als »Kumpan der Zöllner und Dirnen« (Matthäus 11,16), denen er eine größere Offenheit für die Gottesherrschaft zutraute als dem etablierten »Religions-Betrieb« seiner Zeit (Matthäus 21,31). Die Tischgemeinschaft mit den Sündern ist ein einzigartiges Zeugnis für seinen Umgang mit schuldig gewordenen Menschen, Zeichen seiner großen Offenheit für den konkreten Menschen und seines ehrlichen Wohlwollens, das ihn zum Heiland machte, zur heilenden Erfahrung von Gottes Gegenwart. Denn Jesu Freundschaft mit den Sündern war zugleich Konsequenz und Darstellung seiner Gotteserfahrung. Nie war die Begegnung mit ihm an Vorbedingungen geknüpft, weder an ein bestimmtes Glaubensbekenntnis noch an einen bestimmten Lebenswandel, noch an ein Schuldbekenntnis. Seine Freundschaft war bedingungslos, und gerade darum konnten Menschen in seiner Nähe den Mut finden, ihr Leben noch einmal ganz von vorne zu beginnen. Die Erfahrung der grenzenlosen Liebe veränderte ihr Leben.

Wie traurig, daß die Kirche z. B. in der Beichtvorbereitung der Kinder den umgekehrten Weg vorschreibt: Erst Schuldbekenntnis in der Beichte, dann Zulassung zum eucharistischen Mahl der Gemeinde. Damit fallen wir wieder in die vorjesuanische Vorstellung zurück, daß sich Gott nur nahen darf, wer seiner würdig ist (Psalm 24,3 f.). So wird Religion zur Leistung.

Dies typisch erzieherisch-moralistische Vorgehen degradiert die Freundschaft Gottes im Zeichen des Mahles zur Belohnung für gebotsgerechtes Verhalten bzw. für Reue und Bekehrung. Jesu Vorgehen dagegen ist zutiefst therapeutisch, indem er durch seine Freundschaft einen Raum an Geborgenheit schafft, in dem der Mensch sich anschauen, sich verstehen und sich ändern kann. Immer wieder stehen wir vor

146

dem gleichen Grundproblem: Ist Lebensveränderung eine Frage des Wollens oder des Könnens? Die vom moralistischen System geprägte Theorie und Praxis der Kirche setzt auf Wollen und damit auf Erziehung und disziplinarische Maßnahmen. Jesus setzt auf die heilende Wirkung bedingungsloser Liebe.

Es gibt in den Evangelien nicht nur die zusammenfassende Erwähnung von Jesu Freundschaft mit den Sündern, sondern auch ausführliche Darstellungen derartiger Begegnungen. In ihnen wird Jesu Einstellung und Verhalten besonders deutlich.

1 Als Jesus nun merkte, daß den Pharisäern zu Ohren gekommen sei, er mache und taufe mehr Jünger als Johannes – 2 doch taufte Jesus nicht selbst, sondern seine Jünger –, 3 da verließ er Judäa und begab sich wieder nach Galiläa. 4 Er mußte aber durch Samaria reisen.
5 Da kommt er zu einer Stadt in Samaria namens Sychar in der Nähe des Grundstückes, das Jakob seinem Sohne Joseph geschenkt hatte. 6 Dort war der Brunnen Jakobs. Jesus nun, müde von der Wanderung, setzte sich so (wie er war) am Brunnen nieder. Es war ungefähr die sechste Stunde. 7 Da kommt eine Frau aus Samaria, um Wasser zu schöpfen. Jesus sagt zu ihr: »Gib mir zu trinken.« 8 Seine Jünger waren nämlich weggegangen in die Stadt, um Lebensmittel einzukaufen. 9 Da sagt die Samariterin zu ihm: »Wie kannst du, ein Jude, von mir, einer Samariterin, zu trinken verlangen?« [Juden verkehren nämlich nicht mit den Samaritern.] 10 Jesus antwortete und sprach zu ihr:
»Wenn du die Gabe Gottes kennen würdest und wer der ist, der zu dir sagt: ›Gib mir zu trinken‹, dann hättest du ihn gebeten, und er hätte dir lebendiges Wasser gegeben.«
11 Sie sagt zu ihm: »Herr, du hast kein Schöpfgefäß, und der Brunnen ist tief. Woher hast du also das lebendige Wasser? 12 Du bist doch nicht größer als unser Vater Jakob, der uns den Brunnen geschenkt und selbst daraus getrunken hat samt seinen Kindern und seinen Herden?« 13 Jesus antwortete und sprach zu ihr:
»Jeder, der von diesem Wasser trinkt, wird wieder Durst bekommen. 14 Wer aber von dem Wasser trinkt, das ich ihm geben werde, wird in Ewigkeit nicht mehr dürsten, sondern das Wasser, das ich ihm geben werde, wird in ihm zu einer Quelle von Wasser werden, das ins ewige Leben sprudelt.«

15 Da sagte die Frau zu ihm: »Herr, gib mir dieses Wasser, damit ich keinen Durst mehr bekomme und nicht mehr hierherzukommen brauche, um zu schöpfen.« 16 Er sagt zu ihr: »Geh, rufe deinen Mann und komme hierher (zurück).« 17 Die Frau antwortete und sprach: »Ich habe keinen Mann.«

Jesus sprach zu ihr: »Du hast richtig gesagt: Ich habe keinen Mann. 18 Denn fünf Männer hast du gehabt, und der, den du jetzt hast, ist nicht dein Mann. Da hast du die Wahrheit geredet.« 19 Die Frau sagt zu ihm: »Herr, ich sehe, daß du ein Prophet bist. 20 Unsere Väter haben auf diesem Berge angebetet, und ihr sagt, in Jerusalem sei die Stätte, wo man anbeten müsse.« 21 Jesus sagt zu ihr:

»Glaube mir, Frau, es kommt die Stunde, wo ihr weder auf diesem Berge noch in Jerusalem den Vater anbeten werdet. 22 Ihr betet an, was ihr nicht kennt; wir beten an, was wir kennen, denn das Heil kommt aus den Juden. 23 Aber es kommt die Stunde, und sie ist jetzt da, wo die wahren Anbeter den Vater im Geist und in der Wahrheit anbeten werden. Denn der Vater sucht solche Anbeter. 24 Gott ist Geist, und die anbeten, müssen im Geist und in der Wahrheit anbeten.« 25 Die Frau sagt zu ihm: »Ich weiß, daß der Messias kommt – das heißt (übersetzt): Christus. Wenn er kommt, wird er uns alles verkünden.« 26 Jesus sprach zu ihr: »Ich bin es, der mit dir redet.«

27 Darüber kamen seine Jünger (zurück), und sie wunderten sich, daß er mit einer Frau sprach. Keiner jedoch sagte: »Was willst du (von ihr)?« oder: »Was sprichst du mit ihr?« 28 Da ließ die Frau ihren Krug stehen und lief in die Stadt und sagte zu den Leuten: 29 »Kommt, seht einen Mann, der mir alles gesagt hat, was ich getan habe. Ob dieser vielleicht der Messias ist?« 30 Da gingen sie aus der Stadt heraus und kamen zu ihm. 31 In der Zwischenzeit baten ihn die Jünger und sagten: »Rabbi, iß.« 32 Er aber sprach zu ihnen: »Ich habe eine Speise zu essen, die ihr nicht kennt.« 33 Da sagten die Jünger untereinander: »Es hat ihm doch keiner etwas zu essen gebracht?« 34 Jesus sagte zu ihnen:

»Meine Speise ist es, den Willen dessen zu tun, der mich gesandt hat, und sein Werk zu Ende zu führen. 35 Sagt ihr nicht: Noch vier Monate geht es, dann kommt die Ernte? Seht, ich sage euch: Erhebet eure Augen und seht, die Felder sind weiß zur Ernte. 36 Schon empfängt der Schnitter Lohn und sammelt Frucht ein für das ewige Leben; so freuen sich gemeinsam der Sämann und der Schnitter. 37 Denn hier bewahrheitet sich das Sprichwort: Einer sät, ein anderer mäht. 38 Ich habe euch ausgesandt zu ernten, was ihr nicht gearbeitet habt. Andere haben gearbeitet, und ihr seid in ihre Arbeit eingetreten.«

39 Aus jener Stadt aber glaubten viele von den Samaritern an ihn auf das Wort der Frau hin, die bezeugte: »Er hat mir alles gesagt, was ich getan habe.« 40 Als nun die Samariter zu ihm kamen, baten sie ihn, bei ihnen zu bleiben. Und er blieb zwei Tage dort. 41 Da glaubten noch viel mehr auf sein Wort hin. 42 Zu der Frau aber sagten sie: »Nicht mehr auf dein Reden hin glauben wir. Denn nun haben wir selber gehört und wissen, daß dieser wirklich der Retter der Welt ist.«

(Johannes 4,1–42)

Die Begegnung Jesu mit dieser Frau, die regen Verkehr mit Männern hat, gestaltet sich als ein sehr intensives und gütiges Gespräch, in dem die Konfrontation mit der Wahrheit keine entlarvende Verurteilung ist, sondern ein prozeßhaftes Begreifen, das durch Jesu Haltung und Gesprächsführung ermöglicht wird. Das Gespräch dreht sich zunächst um scheinbar banale Dinge, die von Jesus jedoch in ihrer symbolischen Kraft und Hintergründigkeit aufgegriffen werden: der Durst, das Wasser, der Brunnen, die tägliche Anstrengung des Wasserschöpfens werden zu einem Lebenssymbol der Frau. Denn der Lebenswandel der Frau wird von Jesus nicht als böswillige Mißachtung der Weisung Gottes und als Ausdruck eines verwerflichen Egoismus und Luststrebens verurteilt, sondern als Ausdruck eines tiefen Verlangens nach Halt, einer unendlichen Sehnsucht nach Annahme und Geborgenheit, als Ausdruck eines ungestillten Durstes nach Liebe begriffen. So fragt Jesus die Frau nach ihrem Mann, um damit gleichzeitig bewußtzumachen, wie unerfüllt die Sehnsucht nach dieser Liebe geblieben ist, obwohl oder gerade weil sie ihre unendliche Sehnsucht immer wieder auf menschliche Partner gerichtet hat. Solche Versuche müssen zu einer unentwegten Kette von Enttäuschungen werden, da kein Mensch in der Lage ist, diesen Durst wirklich zu stillen.

Da muß in der Tat eine Quelle geöffnet werden, die Wasser ewigen Lebens verströmt, eine nie versiegende Quelle, eine un-endliche Quelle. Die erkannte und verspürte existentielle Not der Frau erhält eine existentielle religiöse Antwort: die absolute Geborgenheit wird dir von Gott geschenkt. Augenblicklich begreift die Frau, daß sie hier vor der Wahrheit ihres Lebens steht. »Du hast die Wahrheit geredet« (4,18). Sie spürt, daß sie diesem Mann vertrauen kann, daß er ihrem Leben einen erlösenden Weg aufzuweisen vermag. »Ich sehe, daß du ein Prophet bist« (4,19). Dieses Bekenntnis ist nicht Ausdruck des Erstaunens über einen Hellseher und Wahrsager, sondern Ausdruck des Gefühls, verstanden zu werden, weil da einer ihre menschliche Not durchsichtig macht. »Seinem ganzen Auftreten, seiner Statur nach, war (Jesus) ein ›Prophet‹, ein Mann, dem die Fülle innerer Bilder die Sprache einer ›magischen‹ Poesie eingab, in welcher Himmel und Erde miteinander verschmolzen und das Dasein der Menschen durchsichtig wurde bis auf den Grund.«[76] Durch das Verständnis Jesu lernt die Frau, sich selbst zu verstehen in einem ganzheitlichen, existentiellen Sinn. So wird ihr Leben auf den einzig tragfähigen Grund hin geöffnet: auf Gott. Doch das geschieht anders als auf den amtlichen Wegen herkömmlicher Religion. Die Frau spürt diesen Widerspruch: »Unsere Väter haben ... und ihr sagt...« (4,20). Darum versucht Jesus, sie behutsam aus der Abhängigkeit von Autoritäten zu lösen, damit sie statt dessen »im Geist und in der Wahrheit« (4,23) unmittelbar und aufrichtig Gott begegnen kann.

Die Erzählung von der Frau am Jakobsbrunnen ist eine wundervolle therapeutische Erlösungsgeschichte, in der einem Menschen durch gütiges Verstehen und Durcharbeiten seiner Lebenssituation ermöglicht wird, anders zu handeln, als er bisher glaubte handeln zu müssen. Schuld wird nicht moralisch gewertet, sondern existentiell als Selbstverfehlung im Getriebe der Angst verstanden; sie wird darum auch nicht mit moralischen Appellen und disziplinarischen Maßnahmen angegangen, sondern mit der behutsamen Lösung der Angst.

Wie wohltuend und befreiend wäre es, wenn die Kirche z. B. die steigende Quote der Ehescheidungen nicht ständig mit ihrem erhobenen moralischen Zeigefinger als Folge des rücksichtslosen Willens zur Selbstverwirklichung verteufeln, sondern als Ausdruck qualvoller Not und unerfüllter Sehnsucht begreifen würde, die einer religiösen und keiner moralischen Antwort bedarf. Wie wohltuend, befreiend und heilend wäre es, nach Jesu Art und Weise mit Menschen und ihrem Schatten umzugehen.

In seinem Reden und Handeln macht Jesus deutlich, daß der Mensch »kein nachträglich Begnadigter, sondern ein von vornherein Begnadeter«[77] ist, der ständig und unwiderruflich im grenzenlosen Wohlwollen Gottes gehalten ist. Ich habe mich früher mit dem Begrifff »Gnade« schwergetan, weil ich ihn allzusehr mit Willkür und erniedrigender Großzügigkeit (»wollen wir noch einmal Gnade vor Recht ergehen lassen«) verbunden habe. Heute ist er mir zu einem Zentralbegriff der Gotteserfahrung geworden, weil er die Gratis-Qualität, den Geschenkcharakter der Liebe Gottes umschreibt, die keiner verdienen braucht, weil sie ihm ohne Bedingungen angeboten und entgegengebracht wird. »Gnade vor Recht ergehen lassen«, ist darum im Sinne Jesu nicht der großzügige Verzicht auf Strafmaßnahmen, sondern die innerste Überzeugung, daß einzig Liebe das Böse und die Schuld des Menschen lösen kann und nicht die »rechtmäßige Be- und Verurteilung«.

Die Ehebrecherin

3 Die Schriftgelehrten aber und die Pharisäer brachten eine Frau herbei, die beim Ehebruch ertappt worden war, stellten sie in die Mitte 4 und sagten zu ihm: »Meister, diese Frau ist auf frischer Tat beim Ehebruch ertappt worden. 5 Im Gesetz aber hat uns Mose geboten, eine solche zu steinigen. Was sagst du nun? « 6 Das sagten sie, um ihn zu versuchen, damit sie eine Anklage gegen ihn hätten. Jesus aber bückte sich nieder und schrieb mit dem Finger auf die Erde. 7 Als sie jedoch hartnäckig weiterfragten, richtete er sich auf und sprach zu ihnen: »Wer von euch ohne Sünde ist, werfe als erster einen Stein auf sie.« 8 Dann bückte er sich wieder nieder und schrieb auf die Erde. 9 Als sie aber das gehört hatten, gingen sie weg, einer nach dem andern, angefangen von den Ältesten. Und er blieb allein zurück und die Frau, die in der Mitte stand. 10 Da richtete sich Jesus auf und sprach zu ihr: »Frau, wo sind sie? Hat keiner dich verurteilt?« 11 Sie aber sprach: »Keiner, Herr!« Da sprach

Jesus zu ihr: »Auch ich verurteile dich nicht. Geh und sündige von jetzt an nicht mehr.«

(Johannes 8,3–11)

Auch diese Darstellung einer Begegnung Jesu mit einem schuldigen Menschen ist sehr bewegend, werden doch gerade hier die unterschiedlichen Einstellungen zur Schuld und ihrer Bewältigung extrem deutlich. Die amtlichen Religionsvertreter stellen die Frau bloß, breiten in aller Öffentlichkeit deren Schuldgeschichte aus und verweisen auf die Vorschriften, nach denen diese Frau sterben muß. So heißt es im Alten Testament: »Falsche Propheten ... Götzendiener ... falsche Zeugen ... Ehebrecher ... Diebe und Räuber sollst du töten! So tilge das Böse aus deiner Mitte!« (Deuteronomium 13,6; 17,7; 19,19; 22,24; 24,7). Ausgrenzung und Ausmerzung, die Bekämpfung von Menschen statt der Bekämpfung von Ursachen – das ist der klassische Weg der Schuldbewältigung. Provozierend dagegen die Ruhe Jesu und sein deutlich gezeigtes Desinteresse an der Skandalgeschichte dieser Frau. Erst als er mit ihr alleine ist, spricht er das erlösende Wort: »Ich verurteile dich nicht« (8,11).

Wieder zeigt sich, daß es nicht darum geht, einen Menschen an seine Vergangenheit zu fesseln und ihm diese zum Vorwurf zu machen, sondern darum, ihm Zukunft zu ermöglichen, die – von Liebe getragen – anders werden kann. So werden Schulderfahrungen zu Chancen, zu Stufen der Reifung, die einen Menschen seiner ursprünglichen Berufung, Würde und Identität zuführen. Jesu prägende Gotteserfahrung, seine emanzipatorische Grundeinstellung zum Menschen und sein Umgang mit Schuld liegen ganz auf der Linie des existentiellen Schuldverständnisses.

VI
Ausblick

26 Leitfragen zum Umgang mit Schuld

Als ich kürzlich mit einer persönlichen Schuld konfrontiert war, hatte ich folgenden Traum: Ich lag an einem Hang am Wegrand, ähnlich einer Rast während einer Wanderung. Neben mir lag ein Mönch, ein äußerst unangenehmer Mensch, der mich bisher begleitet hatte. Ich empfand ihn abstoßend und bedrohlich. Ich nahm ein dickes altes Buch zur Hand und schlug ihm damit auf den Kopf, es gelang mir aber nicht, ihn zu töten. Da schlug ich das Buch auf und sah, daß es eine Art Weg- und Aufgabenbeschreibung für den bisher zurückgelegten Weg war mit Großkapiteln und Unterkapiteln. Nur das letzte Kapitel stand noch aus, es trug die Überschrift: die Integration des Bösen.

Der Traum sagt deutlich, daß zum Prozeß der Selbstwerdung (der Abenteuerweg mit seinen Aufgaben) auch die Auseinandersetzung mit dem eigenen Schatten (der unheimliche Begleiter) gehört. Der Traum spiegelt die sinnlosen Versuche, die eigene häßliche Seite abzuspalten, zu verdrängen, zu verleugnen und gewaltsam zu erledigen. Gleichzeitig nennt er die einzige Lösung: das Böse zu integrieren. Bevor ich bewußt wagte, mich mit meiner Schuld anzusehen und anzunehmen, hatte der Traum, diese unendlich kostbare und weise Führung, das Problem längst auf den Punkt gebracht.

Schulderfahrung ist in jedem Fall ein Krisenerlebnis mit den beiden Möglichkeiten, an ihr zu zerbrechen oder zu wachsen. Wir stehen damit noch einmal vor der Ausgangsfrage dieses Buches, wie zwischen Unschuldswahn und Schuldkomplex ein Weg gefunden werden kann, so mit Schuld umzugehen, daß diese Erfahrungen zu Chancen der Reifung und Selbstwerdung werden; ohne einerseits den Blick für die Realität des Bösen und des persönlichen Schattens zu verstellen und ohne andererseits Selbstwert, Daseinsberechtigung und Zukunft in Frage zu stellen. Kurzum: Wie kann ich für mich und mein Leben Verantwortung übernehmen und die Vergangenheit als Chance für die Zukunft ansehen?

Rezepthafte Antworten helfen nicht weiter, da Schuldbewältigung wie jede Aufgabenbewältigung ein individueller Entwicklungs- und Reifungsprozeß ist. Ich möchte aber zusammenfassend einige Orientierungen vorschlagen, um die Erfahrungen eines solchen Prozesses besser verstehen zu können:

a. *Schuldgefühle sind unvermeidbar, aber sie taugen nicht als Meßinstrument für wirkliche Schuld.*
Darum ist es besonders wichtig, die Äußerungen des moralischen Gewissens von den Äußerungen des existentiellen Gewissens unterscheiden zu lernen. Ist das »schlechte Gewissen« Angst vor der Autorität oder ist es das Bewußtsein, mich und/oder andere um eine Chance sinnvollen und identischen Lebens gebracht zu haben?

b. *Werte sind wichtig als Leitbilder und Ziele für die Entwicklung von Identität und als Orientierungsrahmen für das persönliche Handeln.*
Ist mir bewußt, welche Werte mein Denken und Handeln bestimmen? Woher beziehe ich meine Wertvorstellungen? Durch unbewußte Wahl, durch bewußte Entscheidung, durch autoritative Vorgabe? Ist meine Wertausrichtung einheitlich und beständig, oder gibt es Widersprüche, wechsle ich oft meine Ansichten? Sind meine Ziele und Wertvorstellungen realistisch und anwendbar, oder entsprechen sie einem privaten Familienkodex, sind sie überfordernd?

c. *Für die Selbstwerdung, die Entwicklung und Ausprägung der individuellen Persönlichkeit ist Sicherheit hinsichtlich des eigenen Fühlens und Wollens erforderlich.*
Deshalb ist es bedeutsam, Zugang zu den Tiefenschichten der eigenen Person zu bekommen und die eigenen, auch

unbewußten Verhaltensmotive und -zusammenhänge verstehen zu lernen. Was gehört wirklich zu mir und was entspricht Konventionen, Erwartungen, Ängsten und Zwängen? Was hindert mich daran, mich spontan und echt auszudrücken, in Wort und Tat ich selbst zu sein?

d. *Auch für Gefühle wie Wut und Haß und Freude, anderen wehzutun, gilt: Verstehen statt verurteilen.*
Solche Gefühle gehören ebenfalls zu mir und sie haben ein Recht auf Leben. Je intensiver ich ein Gefühl durchlebe, desto schneller und gründlicher ist es erledigt. Abgespaltene und verdrängte Gefühle wirken unbewußt nachhaltig auf uns ein.

e. *Die Erfahrung von Schuld und die Auseinandersetzung mit dieser Erfahrung hat eine starke gefühlsbetonte Seite.*
Bin ich überhaupt zu spontanen Gefühlen fähig? Ist die Auseinandersetzung mit Schuld von Selbstverachtung und Selbstablehnung oder von Selbstannahme geprägt? Von der Sorge um das Wohlwollen der Autoritäten oder von Sorge um Integrität und Identität? Kommt es zu echter Erleichterung und Erledigung, oder bleiben die Schuldgefühle bestehen? Bin ich in der Lage, meine positiven Seiten und Erfolge zu sehen und zu bejahen, auch wenn ich über die gegenwärtige Situation unglücklich bin?

f. *Das Gewissen soll eine wirksame Verhaltenskontrolle ermöglichen, ohne als Belastung zu wirken.*
Kommt mein Wertsystem vor dem Handeln als Entscheidungshilfe und Warnung zum Tragen, oder erst nachher als »schlechtes Gewissen«? Ist die Auseinandersetzung mit Schuld mehr ein Beschäftigtbleiben mit der Vergangenheit oder motiviert sie zur Zukunft? Sind die Werte und Ziele eine Belastung, existieren häufig Konflikte zwischen dem »Guten« und dem insgeheim wirklich Gewünschten?

Diese Fragen können helfen, unter den vielen Stimmen die Stimme des existentiellen Gewissens zu entdecken und ihr entsprechen zu lernen. »Die Bezogenheit des Göttlichen zur

Welt, in welche der Mensch eingebaut war, wurde ursprünglich realisiert in dem Hören auf die innere Stimme des Göttlichen im Menschen, nicht in der Erfüllung gegebener ethischer Pflichten. Abraham, der seinen Vater verließ, ebenso wie der betrügende Jakob, der Totschläger Mosche und der Ehebrecher David waren keineswegs gekrönt mit dem Heiligenschein der siegreichen Bekämpfer des Dunkeldrachens, obgleich sich auch derartige Züge bei ihnen finden. Ihre Natur warf einen starken Schatten, aber das Zentrum ihres Daseins blieb gerade dadurch mit der Gottheit verbunden, in deren Abbild sie geschaffen waren.«[78]

Gottverbundenheit ist nicht in erster Linie eine Frage der moralischen Intaktheit, gemessen an der Übereinstimmung mit verbindlich vorgelegten Weisungen und Geboten, sondern eine Frage der Fähigkeit, die innere Stimme wahrzunehmen und ihr zu folgen, auch wenn es immer wieder Irrtum, Versagen und ängstliche Verweigerung gibt.

Es ist die Stimme, die einen immer wieder zum Aufbrechen ruft, zum Offenwerden und zum Unterwegssein, bis in das gelobte Land, in dem die Stimme der Angst, die einen für häßlich und unrein erklärt, bleibend in die Stimme Gottes verwandelt wird, die sagt: »Du bist mein Kind, Geliebtes, an Dir habe ich Gefallen.«

Anmerkungen

[1] *E. Noelle-Neumann*, Die verletzte Nation, Stuttgart 1987.

[2] *Dies.*, a. a. O., S. 341.

[3] *F. Böckle*, Theonome Autonomie – Zur Aufgabenstellung einer fundamentalen Moraltheologie, in: Humanum, Moraltheologie im Dienste des Menschen, hrsg. von *J. Gründel*, Düsseldorf 1972, S. 19.

[4] *F. Dürrenmatt*, Theaterprobleme, Zürich 1955, S. 47.

[5] *S. Freud*, Vorlesungen zur Einführung in die Psychoanalyse, in: Studienausgabe. Bd. I, Frankfurt am Main 1969, S. 238f.

[6] *H. J. Eysenck*, Symposium: The development of moral values in children. II – The contribution of learning theory, Brit. J. educ. Psychol. 30 (1960), S. 11–21.

[7] *E. Drewermann*, Der Krieg und das Christentum, Regensburg 1982, S. 82.

[8] *G. Ebeling*, Theologie zwischen reformatorischem Sündenverständnis und heutiger Einstellung zum Bösen, in: *Ders.*, Wort und Glaube. Bd. III, Tübingen 1975, S. 196f.

[9] *W. Kasper*, Anthropologische Aspekte der Buße, in: ThQ 163 (1983), S. 97.

[10] *Papst Johannes Paul II.*, Apostolisches Schreiben Reconciliatio et Paenitentia, in: Amtsblatt der Erzdiözese Köln, 124. Jahrg. (1984), Stück 29, S. 313.

[11] *C. Izard*, Die Emotionen des Menschen, Weinheim und Basel 1981, S. 473f.

[12] *Dies.*, a. a. O., S. 476.

[13] *S. Freud*, Zeitgemäßes über Krieg und Tod, in: Studienausgabe. Bd. IX, Frankfurt am Main 1974, S. 40.

[14] *M. Wandruszka*, Was weiß die Sprache von der Angst?, in: *W. Bitter* (Hrsg.), Angst und Schuld in theologischer und psychotherapeutischer Sicht, Stuttgart [5]1971, S. 17.

[15] *A. Miller*, Depression und Grandiosität als wesensverwandte Formen der narzistischen Störung, in: Psyche, 33. Jahrg. (1979), Heft 2, S. 133.

[16] *S. Freud*, Das Unbehagen in der Kultur, in: Studienausgabe. Bd. IX, Frankfurt am Main 1975, S. 251.

[17] *J. Robertson*, Some Responses of Young Children to Loss of Maternal Care, Nursing Times 1953, 49, S. 382.

[18] *J. Troschke*, Das Kind als Patient im Krankenhaus, München–Basel 1974.

[19] *B. Grunberger*, Vom Narzismus zum Objekt, 1976, S. 77.

[20] *R. Oerter*, Moderne Entwicklungspsychologie, Donauwörth 1972, S. 291.

[21] *S. Freud*, Anm. 16, S. 251.

[22] *H. E. Richter*, Flüchten oder Standhalten, Hamburg 1976, S. 36 f.

[23] *Ders.*, a. a. O., S. 37.

[24] *H. Fischedick*, Von einem, der auszog das Leben zu lernen, München 1987, S. 45–52.

[25] *S. Freud*, Anm. 13, S. 44.

[26] *H. E. Richter*, a. a. O., S. 19 f.

[27] Vgl. zum Ganzen: *Th. A. Harris*, Ich bin o. k., Du bist o. k. Eine Einführung in die Transaktionsanalyse, Reinbek bei Hamburg 1973, hier: S. 46.

[28] *Papst Pius XII.*, Enzyklika »Quadragesimo anno«, 1931.

[29] *Alice Miller*, Das Drama des begabten Kindes, Frankfurt am Main 1979, S. 61.

[30] Handbuch der christlichen Ethik. Bd. 3, Freiburg im Breisgau 1982, S. 146.

[31] *H. W. Gruhle*, Ursache, Grund, Motiv, Auslösung, in: *H. Thomae* (Hrsg.), Die Motivation menschlichen Handelns, Köln/Berlin 1971, S. 40.

[32] *A. Görres/K. Rahner*, Das Böse, Freiburg im Breisgau 1982, S. 87.

[33] Zitiert in: *Joseph Kardinal Höffner*, Versöhnung und Buße. Hirtenbrief zur Fastenzeit 1985.

[34] *Joseph Kardinal Höffner*, Einer trage des anderen Last. Hirtenwort zum Familiensonntag 1987, in: Amtsblatt des Erzbistums Köln, Stück 1, 127. Jahrgang, S. 7.

[35] *Erich Fromm*, Psychoanalyse und Ethik, Frankfurt am Main/Berlin/Wien 1978, S. 158.

[36] *H. Haag/K. Elliger*, Stört die Liebe nicht. Die Diskriminierung der Sexualität – ein Verrat an der Bibel, Olten 1986, S. 105.

[37] *A. Görres/K. Rahner*, a. a. O., S. 42 und S. 43.

[38] Handbuch der christlichen Ethik, a. a. O., S. 146.

[39] *E. Fromm*, a. a. O., S. 160.

[40] *Erich Neumann*, Tiefenpsychologie und neue Ethik, München 1964, S. 18.

[41] *S. Freud*, Krieg und Tod, a. a. O., S. 40 f.

[42] *E. Neumann*, a. a. O., S. 23.

[43] *L. Evely*, Liebe und Ehe, Freiburg im Breisgau 1970, S. 9.

[44] *K. G. Rey*, Darauf kommt es an. Über die Selbstverwirklichung der Christen, München 1976, S. 11.

[45] Siehe dazu: *H. Fischedick*, a. a. O., Erfahrungen auf dem Weg, S. 39–145.

[46] *E. Fromm*, a. a. O., S. 137 f.

[47] *Ders.*, a. a. O., S. 100.

[48] *S. Freud*, Kultur, a. a. O., S. 208.

[49] *E. Fromm*, a. a. O., S. 197.

[50] *E. Drewermann/M. Helfer/G. Höver*, Freispruch für Kain?, Mainz 1986, S. 58.

[51] *A. Görres/K. Rahner*, a. a. O., S. 70.

[52] *E. Drewermann/M. Helfer/G. Höver*, a. a. O., S. 72.

[53] *E. V. Stein*, Schuld im Verständnis der Tiefenpsychologie und Religion, Olten 1978, S. 182.

[54] *K. G. Rey*, a. a. O., S. 12.

[55] *E. Drewermann/M. Helfer/G. Höver*, a. a. O., S. 67.

[56] *E. Neumann*, a. a. O., S. 73.

[57] *Ders.*, a. a. O., S. 91.

[58] *Tilman Moser*, Gottesvergiftung, Frankfurt am Main 1976, S. 9−16.43.

[59] *Handbuch der Ethik*, a. a. O., S. 133.

[60] Siehe dazu: *Eugen Drewermann*, Strukturen des Bösen, Paderborn 1977. Bd. I: 53−110, Bd. II: 221−247, Bd. III: 137−144, 201−203, 436−497;
Ders., Psychoanalyse und Moraltheologie; Bd. 1, Mainz 1982, S. 111−162;
Ders., Freispruch für Kain, a. a. O., S. 54−70;
Ders., Das Markusevangelium. 1. Teil, Olten 1987, S. 11−25.

[61] *I. Kant*, Muthmaßlicher Anfang der Menschengeschichte, in: Akademieausgabe der Werke Kants. Bd. 8, S. 107−123.

[62] *E. Drewermann/M. Helfer/G. Höfer*, a. a. O., S. 69.

[63] *H. Zahrnt*, Der Tod des moralischen Gottes − Freud − Hiob − Jesus, in: *P. M. Pflüger* (Hrsg.), Die Notwendigkeit des Bösen, Stuttgart 1979, S. 24.

[64] *E. Drewermann*, Tiefenpsychologie und Exegese. Bd. II, Olten 1985, S. 348.

[65] *K. Herbst*, Was wollte Jesus selbst? Bd. 2, Düsseldorf 1981, S. 12.

[66] *H. Zahrnt*, a. a. O., S. 25.

[67] *K. Herbst*, a. a. O., S. 171.

[68] *E. Neumann*, a. a. O., S. 24 f.

[69] *H. Haag*, Teufelsglaube, Tübingen 1974, S. 199.

[70] *H. Haag*, a. a. O., S. 287.

[71] *H. Zahrnt*, a. a. O., S. 25.

[72] *A. Görres/K. Rahner*, a. a. O., S. 148.

[73] *K. Herbst*, a. a. O., Bd. 2, S. 143.

[74] *E. Neumann*, a. a. O., S. 99.

[75] *H. Zahrnt*, a. a. O., S. 27 f.

[76] *E. Drewermann*, An ihren Früchten sollt ihr sie erkennen, Olten 1988, S. 34.

[77] *H. Zahrnt*, a. a. O., S. 30.

[78] *E. Neumann*, a. a. O., S. 135.